# 歌舞伎大向《かぶきおおむこう》細見《さいけん》

（大向研究家兼大向実技者による案内書《がいどぶつく》）

中條《ちゅうじょう》 嘉昭《よしあき》

●目次

## 総論

## 各論

装丁　新田純

# 歌舞伎大向　細見

この書は、歌舞伎役者の芝居や踊りに対して客席から声援として掛けられる声に関する細見（ガイドブック）である。全体は総論と各論の二部から構成されている。

総論では大向うの定義・論評・掛け声・為所・見得・拍子木等について述べ、各論では具体的な大向うの技法・心構え・実例等を大向うを研究し、実践した筆者の体験に基づいて詳述したものである。

本書中に用いられている記号二種について説明しておきたい。

①〽……庵点（いおりてん）。箇条書きの文書・和歌・連歌・謡物などの右肩に加える記号。

②「〇〇屋！」……掛け声としての屋号の後に感嘆符を付ける。感心して褒める意味を強調している。

# 総論

## 一、大向とは何か

### その一、辞典による「大向」の定義

「大向」と言う単語の意味は、使われる状況により、人により、或いは辞書・文献により様々である。この言葉の語源は江戸時代の芝居小屋の向う桟敷にあるが、定義された専門用語として、認知され文書化されたのは昭和の初期である。

昭和十九（一九四四）年八月の夏、太平洋戦争も一年を残す時期に発行された一冊の本がある。演劇に関する本邦初の大向について述べた辞典である。

『日本演劇辞典』著者　渥美清太郎　発行所　新大衆社　定価　六円八十三銭

この中から項目の全文を原文のまま引用すると次の通り。

おうむこう（大向）

劇場用語。ズッと後方の観覧席である※註大入場、立見席等の席、又はそこの看客を指す。「大

衆」の意味で使用される。以前は見巧者として、或は適切な掛け聲褒め詞の発生地として一種の尊敬を払われてゐたが、今はそれらも僅少なので、自然、無智低級な看衆の意も含まれるやうになった。

（註　大入場（オオイリバ）とは、歌舞伎劇場の客席が升目割で指定された時代に二階もしくは三階最後部で最下級入場料の席の呼称）

この定義が、「大向う」の全てを現代的な意味で表現している訳ではない。即ち、大向うという言葉それ自体が、三つの意味を持っている。

・第一が、二階或は三階の後方に位置する立ち見席・座席の位置、即ち席の呼び名。
・第二は、常連客の人又は集団であって役者に対して声を掛ける個人、グループ。
・第三が、役者に声を掛ける行動、即ち掛け声を意味する。

大体現代では「大向う」と言う場合、劇場内で役者に声を掛ける人間を指す場合が多いが、この正体が実は正しく認識されていない。劇場内で演技中に観客席から大声を出す人間がいた時にそれに対する観客達の反応は千差万別である。凡そ次の五種になる。

・Ⓐ　役者に雇われているサクラ
・Ⓑ　劇場の関係者

・Ⓒ　芝居狂いの奇人・変人
・Ⓓ　大声を出す危ない人
・Ⓔ　酔っ払い等

一体何者なのか、芝居や踊りを見慣れていない人ほどこの「大向う」アクションに振り廻される判断をするように思われる。同様に声を掛けられる役者側も個人差あり様々な反応や判断をするように思われる。但し、実状として役者は、その立場故、掛けられる掛け声に対して、ネガティブな表現はあまり口にしたり、書いたりしないようにみえる。

同様に、劇場関係者も客とのトラブルを避ける為、客席からの掛け声が甚だしく芝居を妨害しない限り、いか様に稚拙、聞き苦しい声、タイミングであっても、注意したり差し止めたりすることは滅多に無い。

## その二、演劇専門誌による「大向う」に対する論評

「大向う」の行動や水準に関する専門誌の論評は殆どないが、その数少ない一文を引用してみよう。

『演劇界増刊　歌舞伎を知る33章』発行所　演劇出版社　定価　七百円　発行　昭和五〇（一九七五）年十月　コラム欄の通り。長文なので原文の文頭と結びはそのまま、途中三カ所

を中略すると次の通り。無署名記事の所為か、全体に辛口の論調になっているが、問題を的確に捉えているこの時代の貴重な論評と言えよう。

**大向う**

「××屋ッ」の掛け声は、芝居の興趣を盛りあげ歌舞伎には不可欠なものとされて来たが、現状はそれを肯定出来るだろうか。

――中略――

現在東京には二つの大向うグループがあり、この会員は何となくプロと見られて、各劇場を大手を振って無料入場出来、第三者は彼等を掛け声屋……ある俳優ははっきりどなり屋と呼んだが、実際どなり屋といった方が正しいかもしれない。何をさしてプロというのか。

――中略――

当今大向うの掛け声は、耳障りなんてなま易しいものではない。観劇の感興を高めるどころかそぐ一方だ。あれをしてイキだとかオツだとか感激する人もいるのには驚く。

――中略――

国立劇場の「学生のための歌舞伎教室」で初め掛け声のかかるたびに哄笑していた子供たちが、終りには聞きよう聞きまねで結構ツボにはまった掛け方をしていた。歌舞伎ってそんなにチョロいものだったろうか。また、六月の演舞場の千秋楽では、二階客から舞台へクチナシの花が投げられた。今後はああした南蛮渡来の大向うがはやるかもしれない。

（コラム欄記事担当者は無記名）

## その三、演劇評論家による「大向う」の解説

演劇の研究者・評論家による「大向う」に係わる詳細な記述もあまり見受けられないが、最も広汎な丁寧な説明は次の専門書である。歌舞伎に関する用語を各項目夫々四百字詰原稿用紙三枚程で解説してあるが、その中の大向う（おおむこう）の項目を抜粋してみる。

（参照『カブキ・ハンドブック』平成五（一九九三）年五月発行　新書館 定価一四〇〇円 編渡辺保　著者・渡辺保・児玉竜一・上村以和於・近藤瑞男・品川隆重・佐谷真木人・児玉竜一）

大向《おおむこ》う

「向う」というのは、歌舞伎の台本などで、舞台から見て客席の方を指す言葉である。「向うより出る」といえば、花道の揚幕からの登場を意味する。「大」は、「大歌舞伎」「大時代」「大立者」などと同じ用法で、「大」と「向う」で、ずっと向うの客席、つまり、いちばん舞台から遠い客席の意味になる。これらの席は、比較的安価で何度も見るのに適しており、

常連客が多いことから、常連客のことを「大向う」ともいう。

——中略——

「大向う」につきものなのが、掛け声である。間合を見はからって、「音羽屋ッ」「大成駒」などと掛かる声は、舞台を盛り上げ、本来は拍手という反応のない歌舞伎見物には、なくてはならぬものということになっている。

——中略——

今日では一般の観客が声を掛けることが少なくなり、半ばプロ化した集団が存在している。木戸御免、つまりフリーパスをうけている団体が、東京に三つ、関西にひとつあり、計六十人ほどが所属している。中には、役者の要請によって東京から京都へ〝出張〟することなどもあるようだが、これらの中でも、舞台を盛り上げるほどの声を掛ける上手は、数えるほどしかいないのが現状のようだ。清元の舞踊『お祭り』では、客席から「待ってました」と声が掛ると、役者が「待っていたとは有難え」と答える件がある。これなどは顕著な例だが、助六や白波五人男の出又は『道成寺』の花子の出といった決定的瞬間には、やはり声が掛らないと寂しいものであろう。

（児玉竜一）

## その四、歌舞伎役者からの大向うに対する評論・発言

### イ、十三代目片岡仁左衛門の随筆集『嵯峨談話』

十五代目片岡仁左衛門の実父であった十三代目（明治三十九年生、平成六年九十才没）は、京都新聞に多くの芸談を連載していた。その随筆を基に単行本『嵯峨談話』が昭和五十一（一九七六）年に、三月書房から発行された。定価一六〇〇円、二〇四頁、その中に「大向う」のタイトルで記されている項目がある。中程を一部中略し始めと結びの部分を原文通り紹介すると、次の通り。


「おおむこう」

歌舞伎の芝居になくてならぬのは大向こうの掛け声です。

役者が舞台に出る瞬間「〇〇屋！」と声がかかるのは誠にいいもので、役者はむろんいい気持ですが、お客様もいい気持だそうです。役者がいい役で揚幕から出ても声もかからずシーンとしていては、お客様も気が乗って来ないでしょう。

例えば、私が『吉田屋』の伊左衛門で、編み笠に紙子姿で揚幕から出たとき「松嶋屋ッ！」と声がかかると、誠に芝居らしいムードになるのです。この大向こうの声も、東京と関西ではだいぶ違います。東京は早く詰めてかけ、関西はやや延ばして長くかけます。

――中略――

それに、近ごろは「大根ッ」という掛け声を聞かなくなりましたが、昔はよくいわれたものです。私も若いころはよくいわれました。このときは本当に情けなくて穴でもあったら入りたい気持ちでした。この「大根」というのはどこから生まれた言葉かといいますと、大根いう物は決してあたらない。大根を食べて腹痛を起こしたなんて聞いたことがありません。

少々あやしい天ぷらでも、大根おろしをタップリつけて食べればあたらないというくらいです。一方、出来のいい役者のときは当り役とか、当り狂言とかいいます。そこで、当らない役者を「大根」というのだそうですが、いわれる身にとってはいやな言葉で一日も早く「大根」と言われないようになりたいと努力します。考えてみれば、若い時に「大根」といわれることはたいへん薬になることかも知れません。

## ロ、六代目中村歌右衛門五年祭　追善口上での七代目尾上菊五郎の思い出話

六代目中村歌右衛門（大正六年一月生、平成十三年三月没八十四才）が亡くなり五年経った平成十八（二〇〇六）年四月、歌舞伎座にて歌右衛門五年祭興行が行われた。

四月一日初日、二十五日千穐楽の連日、夜の部二番目に「追善口上」の一幕があり、当月歌舞伎座出演の幹部俳優が夫々、歌右衛門の思い出を語った。

菊五郎は、歌右衛門の自宅を指導を受ける為に訪問した時の様子を次のように披露した。

「数々のお教えを受けましたが、中でも記憶に残っているのが、昭和六十（一九八五）年のことで御座います。私が『先代萩』の政岡を演ずることになりました。政岡の演技を指導して頂く為に、岡本町のご自宅に伺った時のことです。稽古中のことです。

歌右衛門「音羽屋！」

菊五郎「何が何して何とやら」

この時、私（菊五郎）一瞬何だろうと驚きました。すると、
歌右衛門「と大向うさんから声が掛かるようにやるんだよ」と言われました。

口上には、この追善口上の他に、襲名口上、初舞台口上、名題昇進口上、狂言半ばの劇中口上、切りの口上など数多くあるが、大向うが「屋号」を掛けることが話のポイントになった珍しい例である。

## 八、国立大劇場歌舞伎教室

平成十七（二〇〇五）年七月『四の切』（三日初日、二十四日楽日）
解説「歌舞伎のみかた」——三十五分間——三代目市川笑三郎・二代目市川春猿の実演付き解説

舞台で歌舞伎を演ずる現役の歌舞伎俳優さんが、観客に対してその声援の仕方について、具体的に且つ体系的に言及されたことは、演技者側の要望・希望も含めた今回のような試みは、歌舞伎の歴史において空前絶後のことでありました。

大向うを実践する者のひとりとして、初日以来通い詰めて、本番の義経千本桜の四の切の宙乗り付き熱演は云うまでもなく、笑三郎さんと春猿さんお二方の名解説に何回も聞き惚れた七月となりました。解説の中で特に大向うに関する部分をまとめますと、次の通りです。

① 黙って静に観劇していないで，芝居への積極的参加をして下さい。拍手は勿論、声を掛けての声援も歓迎です。

② 声援の中心は、役者の「屋号」です。

③ 市川猿之助一門の屋号は、オモダカヤ（澤瀉屋）で、他に成田屋、音羽屋、高麗屋、中村屋、大和屋など多くの屋号があります。

④ 屋号を掛ける時は、大きな声で歯切れ良く、発声して下さい。

⑤ 声を掛けて欲しいところは三箇所です。

一番目は、役者が見得をする時（ツケ打ちを伴います）

二番目は、役者が舞台に現われる時（主要な役者は花道から出ます）

三番目は、役者が退場する時

因みに当月は、狐忠信は市川右近が演じているが、昭和四十三（一九六八）年四月五日〜二十七日に、所も同じこの国立大劇場で、市川右近の師匠である三代目市川猿之助が初めて宙乗りを含む十五（内九つが猿之助の新工夫）のケレン演出を行い、主演した因縁深い『四ノ切』澤瀉屋の看板演目である。幕切れに猿之助の狐忠信が、花道の上空を縦断して三階下手の客席に作られた鳥屋《とや》に入る宙乗りは、四月五日初日の国立を第一回として以降、五千回の新橋演舞場での記録達成となる空前絶後の宙乗り記録のスタートでもありました。

## 二、江戸時代の都市と歌舞伎

### その一、江戸の都市構成と町人地

（一）御家門大名地
徳川氏の親類に当る大名の江戸居住地
（二）譜代大名地
江戸時代、関ケ原の戦以前から徳川氏の臣であった大名の江戸居住地
（三）外様大名地
徳川氏の一門又は家臣ではなく、関ケ原前後に臣従した諸侯の江戸居住地

（四）旗本・御家人地

江戸時代の武士の階級。家禄五百石以上一万石未満の徳川将軍家直参の将士が旗本で、それ以下の家禄の者を御家人とした。その二階級の江戸居住地

（五）町人地

町人地は、中山道の神田橋門から筋違橋から江戸湾寄りに、隅田川沿いに常盤橋門から浅草橋門の奥州道を経て江戸湾沿い、虎ノ門から芝増上寺の東海道江戸湾寄りの地域一円の所謂下町に限定されていた。良民と見做された者は、この町人地に居住出来たが、そう認められない種類の人間は、特別な居住地、各地に設置の小屋に押し込められ隔離された特殊民が、江戸時代の特徴であった。それが、穢多《えた》小屋と非人《ひにん》小屋である。これらの小屋に歌舞伎や操り浄瑠璃（人形浄瑠璃）の者が入れられていた記録はない。因って、普通民であり、良民であったが、その法的身分確定まで百年を要したのは、「勝扇子《かちおうぎ》」に記されている通りである。

江戸及び関八州、甲斐、駿河、奥州（一部）の穢多を支配する穢多小頭の総元締め穢多頭が「浅草新町役所」に置かれた。非人小屋は、江戸五地域「浅草」「品川」「深川」「代々木村」「木下川村」に統括責任者の非人頭夫々一人合計五人が置かれた。江戸以は、各国別に非人小屋頭がおり、穢多小頭が支配した、その頂点にあったのが矢野弾左衛門である。家康の開府以来、社会の闇の部分即ち賎民の支配管理を受け持ち江戸幕府を町奉行の下部組織として支え続けた機構である。

## その二、歌舞伎役者の住居と身分

### （一）町人地の構成と屋号

基本的に、街中（町屋）の表通りは商店、裏通りは長屋という構成に成っていた。従って、表通りの家屋を表店、裏通りの長屋を裏長屋と呼称した。但し、少数ではあったが、表通りに設置された長屋もあり、表長屋と呼ばれた。表店は商売をする者の居所であり、商売の内容を大きく看板に書き、また無筆の人にも解かるよう特殊な目印を下げたりし、補足的に屋号（に続けて主人の名前も）や商標を暖簾や日除けに表記していた。商家にとっては、屋号が苗字に相当し、普通民即ち良民の証しとも成ったわけである。ここに、町屋に良民として居住していきたい歌舞伎役者が、屋号に執着して競って屋号を持った理由が大きくあったのであろう。

### （二）役者の居住地

役者に対する居住制限は、十七世紀半ば記録に残る法的な幕府の規制を皮切りに、幕末の天保の改革まで、何回となく出された。実際は居所を芝居町の外に定めることが出来ていた、役者側が法令を破って芝居町以外に住居を構えたからである。天保十二（一八四二）年十二月にはこの自由を完全に奪うため芝居町としての猿若町《さるわかまち》の新設命令が出、官許の芝居小屋移転と役者の猿若町への町内強制居住命令が施行された。

（三）歌舞伎役者の身分

江戸時代は、人間の身分が四つに分けられ支配されていた。士農工商の四階級である。四階級とは言うものの、士である武士階級が支配者階級であり、他は百姓・町人として被支配者階級であった。これらに入らない人間は、穢多・非人の二階級の被差別民として良民扱いされず幕府の支配外とされた。穢多・非人は幕府が命じた穢多頭・非人頭の支配環境下にあり、居住地も極度に制限されることとなった。

幕府創成期にあっては、芝居関係者は良民とは認められず、河原者或は河原乞食（歌舞伎の創始者とされる出雲の阿国が京都四條河原で技芸を見せ収入を得ていたことに因る）と卑しめられ、非人階級に位置付けられていた。

幕府は宝永五（一七〇八）年に、役者は穢多や非人の支配外との判決を下した。経緯は次の通り。

京都からくり人形師で興行師であった小林新助と四代弾左衛門集久《しゅうきゅう》との間で起こった公事（裁判）である。房州（千葉県）での操り浄瑠璃興行に係わる櫓銭支払と無料入場札の穢多の受け取り権利の有無、正統性の是非が争点。同年三月から五月に至る裁判で、穢多側の全面敗訴で結審した。曖昧になっていた河原乞食の中の最上位、歌舞伎者と操り人形者の二階級に対する幕府の直接支配と穢多・非人の支配の全面否認の幕府結論である。

これは非人制度に組み込まれていた河原者に対する超画期的な変更措置であった。穢多頭や非人頭に支配されていた身が、公式にこれから町奉行の支配を受ける身分になった訳である。非人という集団に入れられ、人間以下の扱いがされていた差配を町奉行から直接受ける町人身分に、事実上格付けされた証左であった。歌舞伎と人形浄瑠璃が、百年の時間を経て漸く法的に人間扱いされるようになった。但し、この裁判結果や措置が公示・布告されることもなく、関係者以外の一般人には知られることも無かった。しかし、この事実は次に述べる如く密かに伝えられた。

**裁判記録「勝扇子《かちおうぎ》」**

この画期的な事実を伝える記録――裁判記録の写本が市川團十郎家に伝わっている。写本は「勝扇子」と命名され伝えられてきた。前書き部分を現代語にすると「歌舞伎狂言の座に属する連中は、えたの手下並びに非人の類ではないという証拠の書面である。宝永五年の裁判記録の概略を記録し、二代目團十郎がこれを保管して置く」と喜びに溢れた記述となっている。

十年程後の享保年間（一七一六～一七三五年）迄には、役者たちは競って日本橋や木挽町などの街中に自分の住居を構えるようになった。街中しかも表通りに住居を設けられるのは、幕府の法制では商家の旦那衆に限られていた。因って商店でなければならず、商売している必要があった。役者本人でなく、家族或は使用人に任せて商売を行ない、商売は赤字でも芝居の給金で稼げばよいという一種の偽装商店とも言えた。業種は、化粧品、小間物の販売が多かった。これで堂々と良民の印である街中に居住し、その結果、屋号も正式に持てる時代に突入したわけである。

参考――　非人《ひにん》とは、生まれながらの非人と心中の生き残りや賭博で処罰された犯罪者そして、勘当されたり、生活困窮により自ら非人仲間に入った者もいる。非人の仕事は物乞い卑俗な遊芸・大道芸、町奉行所や牢屋の公役であり、非人小屋に住まわされ、非人頭の部下である小屋頭の管理を受けた。

**「勝扇子」後日談**

四代目市川團十郎が、安永二（一七七三）年一月、江戸中村座で『和田酒宴栄花鑑《わだのさかもりえいがかがみ》』を初演じた際、芝居創設百五十周年口上を述べた。寛永元年に猿若座が初めて官許の歌舞伎芝居小屋として江戸中橋に櫓を揚げて以来、丁度百五十年目に当るので記念口上を披露したものである。その時、徳川家代々伝わる褒美の下賜品の数々を、舞台上に披露し、「私たち役者は高貴な人たちに召され、これらの品々を拝領し直々挨拶出来る身です。各々様がた、役者を河原者とか七乞食などと、お考え違いなされることの無いよう、お願い致します」と口上した。この発言の背景が、團十郎家に伝わる六十五年前の裁判記録の写本（「勝扇子」）にあったことは明らかである。と同時に役者の身分が未だに幕府からも世間からも差別され、口惜しい扱いを受けている実態の反映であった。

参考――七乞食《しちこじき》とは、猿楽《さるがく》、田楽《でんがく》、ささら説教《せっきょう》、青屋《あおや》、穢多《えた》、革屋《かわや》、鉢叩《はちたたき》の七種の職を指す。中世、或は中世以前に起源を持つ差別された賎民をまとめての呼称。

歌舞伎役者は彼等自身が普通民であり、良民であろうとしたが、その法的身分確定まで百年を要したのは、前述の「勝扇子」の通りである。不当な差別を受け続けた役者連中が、無念極まりない思いで生きてきたか、残された資料から読み取ることが出来る。

江戸及び関八州、甲斐、駿河、奥州（一部）の穢多を支配する穢多小頭の総元締め穢多頭が「浅草新町役所」に置かれた。非人小屋は、江戸五地域「浅草」「品川」「深川」「代々木村」「木下川村」に統括責任者の非人頭夫々一人合計五人が置かれた。江戸以外は、各国別に非人小屋頭がおり、穢多小頭が支配した、その頂点にあったのが矢野弾左衛門である。家康の開府以来、社会の闇の部分即ち賎民の支配管理を受け持ち江戸幕府を町奉行の下部組織として支え続けた機構である。

## その三、役者の屋号

役者は本来、屋号は持っていなかった。武士階級以外苗字を持たない江戸時代、苗字代わりに、商人が屋号をつけ始め、その内に商人以外にも、屋号を付け出した。但し百姓・町民階級に属する者に限られた。屋号を持つのは、良民の証しとなった。街中に居住することを許された役者連中は、競って屋号を付け始めた。初代市川團十郎が元禄十（一六九七）年に『兵根元曽我《つわものこんげんそが》』を上演した。劇中、成田の不動明王に扮したので、この時から「成田屋」を屋号にしたと伝えられている。「成田屋」に始まる役者の別称、即ち屋号が役者間に行き渡ったのは、元禄末期から宝永、享保（一六九八〜一七三五年）の間であろうと推測される

## その四、屋号の由来

屋号を決定したのが誰かに依って分類すると次の三種になる。①共同命名屋号、②名乗り屋号、③拝領屋号である。この分類ではなく、何故その屋号なのか、由緒・原因で分けると大別して六種になり、分り易い。①地名・国名屋号、②父祖伝承屋号、③家紋屋号、④拝領屋号、⑤嘉字・佳名屋号、⑥名乗り屋号である。

## その五、江戸三座（四座）と控櫓《ひかえやぐら》

（一）江戸三座・四座

### イ、中村座

江戸歌舞伎の創始者、猿若勘三郎は寛永元（一六二四）年二月に、中橋南地《なかばしなんち》（現在の中

央区京橋三丁目）に「猿若座」を造った。寛永九（一六三二）年五月江戸城に近いという理由で、禰宜町《ねぎちょう》（後に長谷川町と改名、現在の中央区日本橋堀留町二丁目）に移転させられ、更に慶安四（一六五一）年五月に堺町（現在の中央区日本橋人形町三丁目）に移転させられた。近くに日本橋東堀留川があり、上方からの廻船がこの川に入っていた時期があった。貿易都市であった泉州（大阪府）堺の名を採り、堺町としたと伝えられている。三代目勘三郎は、先祖の本姓の中村を名乗り、座名も以降正式には「中村座」となる。座紋は最初「舞鶴」、後に「角切り銀杏」、座元は「中村勘三郎」。控櫓は「都座」。

### ロ、市村座

東堀留川の東岸に葺屋町《ふきやちょう》（現在の中央区日本橋人形町三丁目）があった。屋根葺き職人が多く居住していた為に、名付けられた町で、寛永十一（一六三四）年、京都の座元村山又兵衛の弟村山又三郎が官許を得て、ここに村山座を造った。後に江戸四座の一つとして隆盛を極めた。夫は二代目市川團十郎を庇護した人気役者生島新五郎が、正徳四（一七一四）年正月に山村座で江島生島事件を引き起こし、山村座は同年二月に閉場、以後山村座の櫓が掲げられることは無かった。事件に連座して断絶した時の座元長太五代目。今後江戸四座は、江戸三座として残っていくのである。江戸城の工事に多くの木材を必要とし、その木材を挽く人夫の居住地が三十間掘の東岸にあったことから木挽町と名付けられ、北から南へ一丁目から七丁目（現在の中央区銀座一〜八丁目）迄ある。座紋は「丸に宝…寳の字は古来の繁体字」、座元は「山村長太夫」。後に村山座の二世の縁者から興行権を譲り受けた初代市村宇左衛門が、承応元（一六五二）年に、市村座と改称した。座紋は「丸に橘」、座元は「市村羽左衛門」。控櫓は「桐座」。

## 八、森田座

摂津（現在の大阪〜兵庫）出身の森田太郎兵衛が、万治三（一六六〇）年に櫓を許され木挽町五丁目（現在の中央区銀座六丁目）で、森田座として五月より興行した。控櫓の「河原崎座」としばしば興行権の移行が繰り替えされ、幕末迄十回ほど交替が数えられる。猿若町に芝居小屋が集結される時も、河原崎座が控櫓として移転し、猿若町で森田座の櫓で興行を再開したのは安政三（一八五六）年五月からであった。安政五（一八五八）年十一月には、十一代森田勘弥を守田勘弥と改名した。火事を最も恐れる芝居関係者として「火」に弱い関係にある材木の「木」が三文字も入っている「森」を同音の「守」に変更したのだと伝えられている。同時に「森田座」は「守田座」に改名。座紋は「丸に片喰」、座元は「森田勘弥」から「守田勘弥」。控櫓は「河原崎座」。

## 二、山村座

寛永十九（一六四二）年三月に山村小兵衛（後に初代山村長太夫と改名）が、狂言座の官許を得て木挽町五丁目（中央区銀座六丁目）に、「山村座」を設立した。元禄期には、江戸四座の一つとして隆盛を極めた。しかし、二代目市川團十郎を庇護した人気役者生島新五郎が、正徳四（一七一四）年正月に山村座で江島生島事件を引き起こし、山村座は同年二月に閉場、以後山村座の櫓が掲げられることは無かった。事件に連座して断絶した時の座元の長太夫は五代目。座紋は「丸に宝……宝の字は、古来の繁体字である寶を使用した」。これ以降江戸の四座は、江戸三座として残っていくのである。

参考…「江島生島事件《えじまいくしま》」徳川七代将軍家継の生母月光院に仕えた、大年寄の奥女中であった江島が増上寺へ月光院の代参の帰途に山村座に立ち寄った事件である。歌舞伎役者で同座出演中の役者生島新五郎と遊興したことが発覚し、正徳四（一七一四）年三月、江島は信州高遠に配流、新五郎は三宅島に遠島処分にされた。

### （二）控櫓

## イ、都座《みやこ》

明暦三（一六五七）年大火後、神田明神境内から移転し放下師久三郎が「都伝内座《みやこでんないざ》」の櫓を堺町に起こした。寛政五（一七九三）年九月、中村座が借財の為休座したのを切っ掛けに、中村座の控櫓としての興行権を獲得。同年十一月から寛政九（一七九七）年十一月の中村座再興迄の四年間興行した。座紋は「半開き扇五三桐」二代以降「三巴」、座元は「都伝内」。

## ロ、桐座

寛文元（一六六一）年三月免許得、八月より「桐大内蔵座《きりおおくら》」として木挽町にて興行をする。子孫は、「桐座」として市村座の控櫓として公認、江戸中期に三回興行。更に、寛政五（一七九三）年十一月よりも控櫓興行。座紋は「桐」、座元は「桐長桐」。

## ハ、玉川座

承応元（一六五二）年に玉川彦十郎が葺屋町に櫓御免となり、寛文九（一六六九）年に隣町の堺町に移転した。以後元禄元（一六八八）年迄興行その後不明。文政元（一八一八）年に、市村座の控櫓であった都伝内座が興行不能になった際、代座元となり「玉川座」を再興した。同年十一月より、文政三（一八二〇）年十一月まで市村座の控櫓を務めた。翌（一八二一）年十一月に市村座に返還した。座紋は「鶴の丸の中に梅鉢」、座元は「玉川彦十郎」。

## 二、河原崎座

初代河原崎権之助が木挽町五丁目に櫓を揚げたと伝えられる。寛文八（一六六八）年には櫓を揚げ、森田座と並んで木挽町で興行していた記録もあり、その後に森田座と合併し合座元となった。江戸三座の制限を打ち破るべく、享保十九（一七三四）年八月に座元五代目森田勘弥が森田座の休座を願い出たのを好機として次の行動に出た。

元禄以前に座元であった河原崎権之助、桐大蔵、都伝内の三者が再興を願い出たが、三代目権之助の河原崎座のみが森田座の興行権を得た。三座の興行を代行する控え櫓制度の発足である。享保二十年三月河原崎座の櫓が木挽町に立つ。座紋は「組み角に二つ巴」、座元は「河原崎権之助」。享保年間より幕末迄、森田座の控櫓として延べ正味六十年となる長期間、興行を担当していた事実と実績は大きい。その後に桐大内蔵は市村座の控櫓となり、都伝内は中村座の控櫓となった。この控櫓の制度が幕末の江戸歌舞伎を存続させ明治にまで伝えたと言えよう。

## 三、大向うの掛け声のルーツ

考えられる江戸時代の掛け声の起源は三つと推測される。

第一は、特定の役者に対する誉め言葉。

時代としては、元禄・宝永年間（一六八八年〜一七一〇年）頃から劇場内で行われていたほめ言葉の風習である。劇の進行中に、贔屓客などが現れ、美文調の文句で特定の俳優を礼賛する言葉が転化したと考えられる。元禄六（一六九三）年刊『せりふ正本集』に誉め詞が記されている。この言葉とは、舞台の進行中に客席から贔屓の一人が立ち上がり、ある特定の役者を誉めちぎる時に発する長台詞である。最初は単数後に複数人で花道に立ち並び誉めた。

元禄十五（一七〇二）年から活躍した民屋四郎五郎という立役の歌舞伎役者が、『続耳塵集』（刊行時期は一七三六〜一七四三年頃と推定）という題名で役者の話を書き留めた著書を残している。その記録の終り近くに次の様な記述がある。

「立役女形何役にもあれ。出端《では》を譽詞《ほめことば》あり。」十八世紀初頭にはほめ言葉が盛んであった証左の記録である。このほめ言葉が転化し大向うの起源となったと考えられる。更にこの書には、ツケに関する記述もあり、ツケ打ちが始めは物陰で打たれ、後に舞台上で打たれるようになった。又、大きな拍子木を用いて、立合いや太刀打ち時、龍を使ったり鬼神に出会う時にぐわたぐと叩いたと記されている。

第二は、芝居小屋内に存在した声番《こえばん》が発声していた掛け声

観客の掛け声を誘ったと推定される制度がある。芝居小屋の従業員に火縄売りという職種がある。花道揚幕際の落間で煙草の火種として火縄を販売した。歌舞伎の故実・秘伝が記述されてある『芝居秘伝集』（三升屋二三治　十九世紀前半の歌舞伎作者　成立年未詳）によると、次の通り。

この火縄売りが声番（役者の花道の出入に声を掛けて観客を制止する役）を兼務していて特別な手当が支給されていた。声番は、役者に対して次の様な時に、大声で発声する。即ち世話狂言『助六』の場合、助六が花道の揚幕から出た時、役名の「助六さまー」、芸名の「團十郎さまー」、屋号の「成田屋さまー」、という具合である。芝居を盛り上げる目的である。

現在この声番の名残がある芝居は、『千本桜』の狐忠信、川連法眼館の場で、静の打つ鼓に引き出される場面が唯一のものである。その場の台本を見てみよう。次の通り。トよき時分、御簾を巻き上げる。静鼓を持ち、控えていて、宜しく打つ。竹本〽「彼の洛陽に聞こえたる、会稽城門の越の鼓、斯くやと思う春風に、誘われ来る佐藤忠信」トこの内雷序、薄ドロになり、

揚幕をあけ「出があるよ」の声（が揚幕奥よりする）、ドロにて三段（上がり段）に仕掛けで狐忠信出る。

歌舞伎舞踊『娘道成寺』では、シテ（主役俳優）が着物を着換える間、物着の合方と呼ばれる繋ぐ三味線を弾く。この時シテを褒める。芸名の「のしほさまー」、屋号の「天王寺さまー」である。特定俳優に対する注意喚起であり、アピールである。江戸時代の芝居小屋の観客は物凄く騒々しかったのがこの制度が存在した一因であろう。この声番の掛け方を観客が模倣し同時進行的に生成発展して行った可能性も大きい。

### 第三は、役者の屋号を観客が掛け声として呼号した事

元禄十（一六九七）年五月に、江戸中村座初演『兵根元曽我』四幕に初代市川團十郎が曽我五郎を務めた。二幕目に五郎が不動を念じ通力を授かり荒事の場面となる。後の二代目市川團十郎となる初代の倅市川九《く》蔵が、八歳初顔見世のこの芝居通力坊役で不動明王の所作を演じ父親團十郎とにらみ合った。この芝居中に観客から「成田屋ァー」と掛け声が沸き上がった。以来團十郎は屋号を「成田屋」と定めた。この時客席の何処から声が掛かったかは定かではないが、所謂大向うからと限定されるものでなく座席の位置に関係なく、客席の観客から投げ掛けられたものが、大向うに収斂されていく一丁目一番地となったと断じてよいであろう。

## 四、歌舞伎の掛け声の為所

掛け声の基本は、役者の演技に対して、観客より客席から掛けられるものである。大別して次の五箇所が掛け処である。掛け声の原則は、「屋号」である。

その一、役者の舞台出入の時
その二、役者の演技が高調に達した時……見得、極まる（キッとなる）
その三、役者の台詞の前・途中・終了時
その四、役者の動作や仕草、踊りの振りに合わせて
その五、音曲・音源・拍子木に合わせて

これ等五箇所につき次に詳述する。

### その一、役者の舞台出入の時

ここで言う役者は舞台に現われ演技をする役者のことで後見、黒子、吹き替えなどは掛け声の対象にはならない。更に総ての役者というわけでは無い。役柄で言えば主役，脇役、端役、その他大勢の中での端役や、その他大勢には掛けない。役者の身分で言えば、名題役者に掛けるが、名題役者試験に合格していない名題下役者には掛けないのが原則である。舞台出入の際に全役者に全回数掛ける必要はない。芝居はあくまで主役が中心となるものである。出入と言っ

ても主役がメインである事を基本とする。然らば出入とはどの様な状態をいうのであろうか。

十七のカテゴリーに分類できる。

「役者の出入」――役者が観客に顔姿を現わす又は顔姿を消す状況時の道具や仕掛け
①揚幕―花道揚幕・仮花道揚幕・本舞台上手揚幕・橋懸り（下手五色幕）
②迫り―花道スッポン・小ゼリ・中ゼリ・大ゼリ・二重ゼリ
③幕―定式幕・緞帳・幕振り落とし・幕振りかぶせ・幔幕・小袖幕・浪幕
④開幕出現―板付
⑤戸―門・潜門・戸・潜戸・開き戸・木戸・庭木戸・枝折戸・柴折戸
⑥舞台―袖・鳥居・橋・堤・地牢・立木・稲束・井戸・古塚・岩・草叢・泥・海・川
⑦座敷周り―廊下・渡り廊下打戸・板敷き・梯・階
⑧屋体―天王建・館・宮・城・寺院・座敷・蔵・物置・炭小屋・辻堂・茶店・茶屋・茅屋
⑨笠―花笠・市女笠・女笠・深編笠・一文字笠・饅頭笠・三度笠・天蓋・網代笠・菅笠・
⑩傘―蛇の目傘・花傘・小傘・長柄傘
⑪衣類並び顔覆い―被衣・打ち掛け・合合羽・手拭い・面
⑫座敷区分―御簾・襖・障子
⑬室内道具―押入・納戸・欄干・欄間・長持ち・戸板・布団・蚊帳・屏風・衝立・衣桁
⑭動物―狐・馬・牛・熊・虎・獅子・龍・蜘蛛・蝦蟇・大蛇・蛞蝓・鯉

⑮ 舟―御座船・元船・本船（親船）・屋形船・屋根船・小舟
⑯ 車―牛車（牛曳き屋形車）・御所車・大名駕籠・町駕籠（垂あり）・道中駕籠（垂なし）
⑰ 引っ込み―宙乗り、花道・幕外花道歩み入り、駆け入り、六方

## その二、役者の演技が高調に達した時

「見得《みえ》、極《き》まる（キッとなる）」――役者の見せ場であり、見得をする場合は多くは付打ちを伴う。極まる（キッとなる）処では付打ちは原則無い。原則として世話狂言では見得の付け打ちは行われず、入れても「タッ」と一回である。時代狂言でも、若衆や前髪には見得は無く、「バァーッ、タリ」という通常の付け打ちは行われ無い。例を挙げれば、『白波五人男』の名乗りで、赤星十三郎だけは名乗り終わっても、付け打ちは全く行われない。

### 見得の起源

はっきりと記録に残されていないが、元禄見得という言葉があるところから、元禄期（一六八八〜一七〇三年）に始められたと推定される。ここぞという所で、役者が動きを止め「睨《にら》む」動作をする。これが見得の起源である。荒事の極致であり、市川團十郎初代が元禄十（一六九七）年に江戸中村座で初演した『暫』がある。劇中、鎌倉権五郎が演ずる見得――左手を太刀の柄にかけ右手は拳を後方にひき頭の辺りにかかげる。左足を前に踏み出し睨む――

を荒事の代表的なものとして、元禄見得という。

（一）見得のスタイル

① 演技の動きを一瞬停止する。それから、
② 睨む、目を寄せるなど眼で演技する。
③ 首を振ったり、回したり首で演技する。
④ 手足を伸ばしたり、絡めたり手足で演技する。
⑤ 最後はピタッと決まった形で動きを停止する。

これら一連の演技を「見得をする」というが、この演技にはツケ打ちや太鼓などの打撃音が伴われる場合が多い。見得を強調し効果を高める為である。演技③から④はすべて行われるわけではなく、見得の種類によって表現が変わってくる。

（二）見得の種類

見得を音の強弱で分類すると、五種類になる。最強から最弱の順に並べると、

① 打ち上げ

幕切れ時に主役大体座頭クラスが三段に乗るが、女形の場合は二段に乗り、ツケ打ちが「バタバタバタバタバタバタバタバタバタバタバタバタバタバタバタバタバタバタバタバタバタバ

タバババタバタバタバーッ、タリ」と大見得の前奏にバタバタが十数回から二十数回位連続で打たれるのが特徴である。そして最後の大見得の所の一打目と二打目の間隔は一二三、四と三拍か四拍程度空く。（一打目を一つと数えると二打目は五つか六つ4秒から5秒）打ち上げと役者の大見得がセットになった最大級の見得である。

② 大見得（おおみえ）

特に動作とか睨みが大きい見得でありツケの音が「バーッ、タリ」と一打目と二打目の間隔が長く、ここで一二三、と三拍程度空く。（一打目を一つと数えると二打目は五つ）、この数え方は個人差があるが、ひとつが0・8秒、五つで四秒前後の時間。

③ 見得（普通見得）

普通の見得であり、ツケ音で言うと「バタン」「パタッ」と二つ打たれ、一打目と二打目の間隔はあまりなく、ここで一二、と二拍程度空く。（一打目を一つと数えると二打目は四つ、三秒少々の時間）

④ 早見得

一束のツケ打ちで一打目と二打目が短く間隔が一拍か又は一拍半で打たれ、ツケ音で言うと「バタッ」と一つか一つ半、0・8から1・2秒の音節に聞こえる。

⑤ 極まる（キッとなる）

世話物・生世話物では睨むとか首を振ると言う動作は殆どなく、①から④のような見得はなく、ツケも原則打たれないが、打たれる場合はパッタと一音になる。同一狂言の同一箇所でも、演出によってツケがある場合もあり、ない場合もある。容易には断じられない。世話や生世話では顎を引く、身構えるという形をとることにより、緊張感やクローズアップ効果を出だすのが常である。

(三) 若衆と女形の見得

「前髪に見得なし」という口伝があり、前髪役にはツケを入れない。『鈴ケ森』の白井権八も極るだけであり、前述の赤星十三郎と同様ツケは入らない。女形も見得は無いのだが、例外として見得のある芝居もあり、ツケのある場合もある。男の役を女形に直したものに、見得とツケの入った役がある。例えば、『女暫』、『女鳴神』などである幕切れで二段に女形が乗る場合は必ずツケが入る。

(四) 見得のいろいろ (四十一種類、五十音順)

この見得は狂言により独自の呼称が付けられている。代表的な四十一種を挙げると次の通り。特定の演目にしかない見得と複数の演目に演じられる見得とがある。

ア行

①筏《いかだ》見得――『菅原伝授手習鑑』の時平の御所車上の睨み、車引の場、『車引』の時平公が梅王丸と桜丸を睨むところで、笏の柄を右の乳の下にあてて、先を下へ向けて突っ張る独特の見得。初代中村仲蔵が大川を流れている筏の船頭の形からヒントを得たと伝えられる。

②石投げの見得――『勧進帳』の弁慶、物語風の振り、長唄〽「須磨明石」で石を投げる見得をするが、勧進帳の見得の中で唯一ツケの入るところである。

③五つ頭見得――『道成寺』の大館左馬五郎、押戻しの場、花道で後ジテ（歌舞伎では、ある役が本性を現わしてからの姿、それ以前の形を前ジテと呼称）と双方出会い見得で「イヤア」と「頭」を打って極まると、「『五つ頭』」の鳴物に合わせて押戻しは首を「イヤア」の掛け声で二回、あと「附頭」の「イヤ」で三回と合計五回首を振り極まる。
更に「上げ」の「頭」に一回総合計七回の「合頭」を打って見得に合わせる。これを五っ頭見得と言う。

④裏《うら》見得――『夏祭浪花鑑』の団七、ドン、デンの太鼓で、観客に後ろ向きで刀を後ろに立てる見得、泥場と呼ばれる長町裏の場この場の団七の見得は全部で十三（十三代目仁左衛門の型で）ある。釣瓶を使った見得とか、団七縞（柿色弁慶縞）の帷子をあしらう見得とか抜群の見せ場である。

⑤雲上《うんじょう》飛行の見得――『鳴神』の幕切れの上人、坊主たちが組み上げた肩の上に乗った異形のものに化して、右手を前に突き出し雲に飛び乗って行く形を見せる見得。

⑥絵面の見得――『寿曽我対面』の五郎・十郎・工藤・虎・朝比奈・鬼王・少将・近江・八幡、台詞で、工藤「祐成、時致」、十郎「工藤左衛門」、五郎・十郎「佑経殿」、工藤「裾野で逢おう……さらば」、皆々「さらば」、ト五郎立つを、十郎留め、工藤二重台の上に立身、皆々居並び、各人が人形のような形で決まる、人形のような美を強調した、美的形式にポイントを置いた見得、色々な役柄が一堂に会して夫々の見得で極まるこの場面は絢爛豪華な圧巻である。工藤館対面の場、幕切れ。

⑦大入叶《おおいりかのう》の見得――『廿四孝』の道三、奥庭での道三の見あらわし、詰め寄りから、道三が三段に上り大見得となる。ここで太刀を用いて、「大」「入」「叶」の三文字を空に描く形、謙信館の場、幕切れ。

基本の動作は最初に刀を両手で上に掲げる、これで横一。次に左右に山形に切り下ろす、これで人で、合せて大の字を表わす。二番目に右からワキの役が槍で突き上げる、刀で槍を受け止める、これが入の字となる。シンの役者が胸前で横に刀を払って、真直に立て右肩に担いで極まる、これが十字の形で、最後に最初のように刀を両手で持ち、頭上に上げてゆきながら、大きく極まる。これで刀と両手で口の字を表わし、十字と合せて叶となる。これで三文字が完成。座頭或はシンの役者が芝居の大入繁昌を祈っての大見得で幕となる。これを大入叶の見得と言う。他に『千本桜』の覚範実は教経、大詰 奥庭の場、「片シャギリ」テテンガテンテンの鳴物に合せ、教経が先ず、上手の義経に対して、大長刀を「大」の字に振り、次に下手の忠信に向って「入」の字に振る。それから三段に乗って、大見得をして幕。

カ行

① 関羽見得――『国姓爺』の甘輝、甘輝の台詞「御身が日本無双ならば、我は唐土」、竹本〽「稀代の甘輝」で、延べ煙管を右につき、左手で顎髭を掴む見得、後漢の三国時代の蜀の関羽の髭に因み関羽見得と言う。甘輝館の場。他に『平家女護島』の俊寛が島に留まる決意をしたところの、俊寛の台詞「……、あらためて今、鬼界ケ島の流人となれば」で、左手で髭を握った見得も関羽見得、鬼界ケ島の場。

② 蛙《かわず》見得――『夏祭』の義平次、団七との立廻りで、両手をつき頭を低く、地面から見上げる蛙のような形、蛙見得と言う。この見得だけが義平次のシテ見得で、他は総て義平次の受け見得である。長町裏の場。

③ 狐《きつね》見得――『土蜘』の頼光、二畳台の蜘蛛に刀をつけた時に、頼光が自分の首を動かす動作が狐の首振りに似ているので狐見得と言う。

④ 蜘蛛の見得――『土蜘』の智籌、僧の正体を見破られ、二畳台にあがって数珠を口に当てる形、畜生口の見得とも呼ばれ、妖怪変化の口の裂けた表情を現わしている。

⑤　元禄見得――『暫』の権五郎景政、花道から本舞台へ来て、肌脱ぎ仁王襷での見得、この芝居の原型は、初代團十郎が元禄五（一六九二）年正月森田座で初演した『大福帳朝比奈物語』であり、元禄時代の見得はこのようであったろうと推測した後世人が元禄見得と呼ぶようになったと考えられる。初代は朝比奈の役、景政の役に扮したのは二代目團十郎、『暫』は代々市川家に引き継がれ様式化した。左手を太刀の柄にかけ、右手は頭の高さに握って掲げ、左足を前に踏み出す荒事の元祖となる力動感あふれる見得。『暫』以外に『矢の根』『象引』『押戻』『毛抜』『車引き』『勧進帳』などに、元禄見得がある。手足の伸ばし方は演目によりバリュエーションがある。

⑥　獄門見得――『慶安太平記』の丸橋忠弥、捕手大勢に追われて掛樋の上に飛び乗る、後ろから熊手にて忠弥の髻を抑える、忠弥後ろのはね釣瓶の丸太に両手を掛け正面向き、捕手等左右より竹槍にて押さえる形、磔の見得とも言う。

サ行

①　鷺見得――『忠臣蔵』の伴内、天保四年に市川海老蔵（八代目團十郎）が勘平で『忠臣蔵』を演じた時、三升屋二三治が清元「道行旅路の花婿」を書いて、舞踊劇にした新曲が出された。この清元は「落人」と呼ばれ、勘平と伴内のやり取りの中で、鷺坂伴内が首と手足で鷺の形を示す見得を鷺見得と言う。

②三猿《さんえん》の見得――『鈴ケ森』の雲助二人・飛脚、三すくみの立廻りで、見ざる聞かざる語らざるの形をとるので、三ざる即ち三猿の見得と言う。

③汐見の見得――『毛剃』の九右衛門、ドテラを脱いだ九右衛門は唐装束で、舳先に立身で、海を見込む形をとる、これを汐見の見得と言う。鳴物元船の場、幕切れ。

④七五三《しめ》・飾海老《かざりえび》・橙《だいだい》の見得――『扇屋熊谷』の直実、馬上の熊谷が引き抜いて、鎧姿で太刀が七五三縄、顔が海老、拳が橙を象った見得の趣向で見せる形、七代目團十郎が創った見得、五條橋の場、幕切れ。

⑤地獄見得――『鎌倉三代記』の高綱、物語の「地獄の上の一足飛び」で引き抜いて見得。舌を出し両手をかざして垂れた地獄の怪奇を思わせる形、絹川村閑居の場。

⑥四方祈りの見得――『鳴神』の鳴神上人、壇上に駆け上がり、ぶっかえりで火炎の衣裳となり、台詞「東は奥州外ヶ浜」で壇の中の下手側の柱で柱巻き、詞章「北は越後の荒海まで」で上手の柱、台詞「人間の通わぬところ」で後ろ向き、詞章「千里もゆけ」台詞「万里も飛べ」で壇を降りて正面向きと四方それぞれ形の違う見得をする、これを四方祈りの見得と言う。陰陽道より出た祈祷方式を演技化したもの。

⑦制札の見得――『熊谷陣屋』の直実、首実験のくだりで義太夫へ「悲しさの、千々に砕くる物思い」ト制札にて、相模を下へやり、藤の方を留め、キッと見得、平舞台へ降りた二人の女を、制札で押さえ睨み下ろすので制札の見得と言う。

⑧ 束見得――『太功記』の光秀、、刀を右手に持ち、切先を頭より上に向け、両足踵を揃えて直立した形、両足を割らず束に立つので束見得と言う。太十（尼崎閑居）の場、幕切れ。他に『馬盥の光秀』の光秀、白装束に着かえて上使を切り、三宝を踏み砕き、刀を縦に上にし、右肩に構えた大見得これが束に立つた形、愛宕山の場。

⑨ 反り身の見得――『先代萩』の仁木、花道でツクツクテンテンの出端の太鼓の頭で両眼をカッと見開き揚幕を睨み、体を反らせて見込む形、これを反り身の見得と言う。床下の場、幕外。他に『千本桜』の権太、鮓屋の場。豆絞りの鉢巻き弁慶格子の浴衣で、鮓桶を持って花道を入る時の見得、『先代萩』の仁木弾正と同じ形で、権太の左眉尻の上に、弾正と同じ黒子を付けることがお約束事となっている。

## タ行

① だんまり――「だんまり」は見得の展覧会のようなもので、主要な役が並んで、一動き毎に見得をする。役柄により、大見得、見得、引き見得等、夫々の役者が格の違う見得をしなければならない。無言で暗闇の中、主要俳優が芝居の鍵となる刀や宝物、旗や道具を探り合う立廻りの見得をだんまりと言う。時代と世話の二種類あり、扮装が違う。

●時代だんまり――『四天王《してんのう》御江戸《おえどの》鏑《かぶらや》』平成二十三（二〇一一）年一月興行で国立大劇場で一九六年ぶりに復活。良門・真柴・保昌・保輔・頼光、無言で暗闇の立廻りをだんまりと言い、一條戻り橋の場、幕切れ。時代だんまりの場面は山中や野原が多い。

●世話だんまり――『四谷怪談』の伊右衛門・与茂七・直助・茶屋女、四人の陰亡堀の場、幕切れ、世話だんまりの場面は川端や海辺が多い。

② 鶴の見得――『対面』の工藤、左手を横に伸ばし刀を持つのが、羽を広げた形、右手に扇を逆に持ち、前に突き出し胸元へ構えるのが、嘴の模倣で、この見得を鶴の見得と言う。工藤館対面の場、幕切れ。

③ 天地の見得――『楼門』の五右衛門・久吉、南禅寺山門の大道具が五右衛門と共にせり上がり、それと共に下から巡礼姿の久吉がせり上がって来る。手裏剣の打ち下ろしを柄杓で受け止め、上から五右衛門が見降ろし、下から久吉が見上げる見得となる。山門と平地の高低の差があり、これを天地の見得と言う。山門の場、幕切れ。

④ 天地人の見得――『勧進帳』の弁慶・富樫・義経、「勧進帳の読み上げ」になり、富樫が勧進帳を覗き見しようとする。弁慶は巻物を隠して上手を見て束に立ち、富樫は足を開き巻物を見込む形に極まる。下手の義経は笠に手をかける。これを三方の見得という。但し、義経が見得をしていると言える演出は少ないようだ。大向うの観点から、この場面では義経に声を掛ける状況とは到底考えられない。

ナ行

①にらみ――『市川家の口上』の團十郎又は海老蔵、俳優が演じている時、最高に盛り上がるところで、動きを止め睨むことを見得をすると言った。二代目團十郎、三代目團十郎、ともに襲名の時このにらみをやったと伝えられている。初代團十郎が荒事の極致として見得即ちにらみを考案したことが起源と言われている。成田屋が片肌を脱ぎ、左手に三方にのせた目録を掲げ、右足を出し、右の握り拳を胸元に構えて「一つ睨んでご覧にいれまする」の口上で、両眼を寄せてのにらみが荒事の総本家の恒例である。成田屋だけでなく、一門の大名跡である左団次や団蔵の襲名の口上の後でも、にらみを見せることになっている。市川家だけに許された眼技で、初代團十郎が、成田山へ参篭して、夢に現われた不動像の眼から工夫したと伝えられている。

ハ行

①柱巻きの見得――『矢の根』の五郎、台詞「東は奥州外ヶ浜」で壇の中様々の見得をするが、柱に両手と片足を掛けてする見得を柱巻きの見得と言う。『矢の根』の初演は享保十二（一七二七）年正月、中村座で二代目團十郎が『扇恵方曽我《すえひろえほうそが》』で五郎を演じた。他に『鳴神』の上人、壇上の下手の柱で、柱巻きの見得。

②引き見得――『伊勢音頭』の福岡貢、万野に丸めた手紙を打ち付けられ、カッとなって立見の見得、顎をはすに引く形で極まるが、下を向くのではなく顔全体を後ろに

引く形、油屋の場。

③ 引っ張りの見得――『近江源氏』の盛綱・和田・微妙・篝火・早瀬、静止していても、各人が沈黙していても、心情的に心が通じて、気持が関連し張り詰めた見得、台詞で、盛綱「重ねて再会」和田「さらば」皆々「さらば」、詞章「別れてこそは」トよろしく、段切れにて、盛綱陣屋の場、幕切れ。他に時代物の幕切れに多い形。

④ 雛人形の見得――『千本桜』の静・忠信、清元〽「弥生は雛の妹背中」と、忠信は静に招かれてそばに行き、清元〽「並べて置いて」のところで忠信が、静の後ろで両手を左右に伸ばし、二人で男雛と女雛の形をつくる、吉野山の場。

⑤ 平山見得――『熊谷陣屋』の直実の物語で、義太夫〽「逃げ去ったる平山が、後の山より声高く」の詞章で、三段（階段）に右足を踏み下ろし、左手に開いた扇を逆さに持ち、右手は握って胸元に構えた見得。この熊谷は、山の上の平山武者所の姿を現わし、扇は山を意味している。熊谷陣屋の場。

⑥ 不動の見得――『勧進帳』の弁慶、「勧進帳の読み上げ」が終わって長唄〽「天も響けと読みあげたり」で、巻物を右手に立てて、左手で数珠を胸元に握り、不動明王の形とする見得を不動の見得と言う。

⑦ 振り返りの見得――『勧進帳』の義経、長唄〽「是やこの」で義経が出て花道七三で裏向きになり、杖を斜めに山を眺める見得を振り返りの見得と言う。

⑧ 蓬莱山の見得――『対面』の十郎・五郎・朝比奈、三人で蓬莱山（富士山）の形で極まる、この見得は富士の見得とも言う。工藤館対面の場、幕切れ。
『鳴神』の上人が壇上から経文を左右に投げて極まる形もこの見得である。

⑨ 頬杖の見得――『菅原』の松王丸、首実検で、右手は蓋に、指を開いた左の掌を顔の横にかざして頬杖をしている形、この型以外にも、團十郎型、海老蔵型、吉右衛門型等合わせて八種類の型がある。頬杖の見得は七代目市川中車の得意とした見得である。寺小屋の場。

マ行

① 見上げの見得――『高時』の高時、長刀を持って最後に天空を見上げる、長刀を掻い込んで、袴を持った手を上へかざす見得、幕切れ。

② 見返りの見得――『道明寺』の菅丞相、菅丞相は魂の入った木像としてこの幕では、一言も口を利かず、特に仕草もない。花道を入る逆七三の所で、本舞台の刈屋姫を束帯の右袖を巻いて高く掲げて見返る見得があるだけである。「天神見得」とも言う。

ヤ行

① ヤマトタケル見得――『ヤマトタケル』の小碓命、ヤマトタケルの名を弟タケルに贈くられて勝利改名宣言の見得、正面を向き立身で、台詞「私は勝った。名にし負う熊襲タケル兄弟をこの手で倒したのだ。ヤマトタケル、ヤマトタケル、よき名ぞ、

日本一強き勇者の名、まこと今の私の名にふさわしい。……中略……あらゆることに、私は勝ったのだ」両手を夫々腰に当て皆々を睥睨する。太陽、昇る。「打ち上げ」つきの大見得、熊襲の国―タケルの新宮の場、第一幕五場の幕切れ。

② 幽霊見得――『千本桜』の知盛、義太夫〽「又は源氏の陣所々々に数多の駒のいななくは……」で放心して落入り、詞章「畜生道……」の義太夫で、幽霊の手つきをした見得をする、大物浦の場。同じくこの場で先に注進で出てくる相模五郎も、幽霊見得をする。

③ 横見得――『車引』の松王丸、観客から観て横向きの顔を、松王丸の最初の出に、長柄の傘を右肩にして、舞台上手で下手の方に向き横向きに見せる見得、俳優の横顔や鼻の形が目立ち、鼻高と言われた五代目松本幸四郎が得意とした束見得の一種。

## その三、役者の台詞の前・途中・終了時

ここでいう役者は主演役者更に準主演役者と脇役を指し、端役を意味するものではない。見得と異なり掛け処が特に工夫を要するところであり、台詞の邪魔にならぬ事が肝要である。台詞に重ならないばかりでなく、台詞の音階や調子に合わせる事も更に重要である。掛け声がその芝居の場面、雰囲気を壊すような声の高低、質、声調であってはならない。間が命など、

タイミングのみを重視する意見を念頭に置き、調和を忘れた大向うの技術者になってはならぬこと。

① 台詞の前

長い台詞を開始する直前に掛けるのが原則である。長台詞が来るパターンがある。次の様な聞かせの台詞が出た場合必ず、長台詞が後に来るので、これらの台詞の後に掛ける。

イ、「さればいのう」ここで**掛け声**、以下ロ〜リ同じく次の台詞始まる前に掛ける

ロ、「あなた（お前）様はなあ」**掛け声**

ハ、「聞かせやしょう」**掛け声**

ニ、「よく聞けよ」**掛け声**

ホ、「そりゃちとそでなかろうぜ……」**掛け声**

ヘ、「上意」**掛け声**

ト、「一ト通り話しましょう」**掛け声**

チ、「ヤア〳〵誰々」**掛け声**

リ、「さては今のは夢であったか」**掛け声**

これらの台詞はこの後に聞かせる長い台詞が続いてくる。内容は説教であったり、通告や述

懐であり、役者はこの後一気に淀みなく調子よく台詞を言いきらねばならない。ここで役者は呼吸を整えるので、台詞の言い始め前に掛け声を入れることは、役者を助ける効用もあるので、必ず掛けるべきところである。

② 台詞の途中

基本的に同一役者の一連の長い台詞の途中で掛け声を入れてはいけない。全体の流れを音的に中断し、役者の発声を邪魔することは明白である。大向うの本質は役者に対する応援声援であることを忘れてはならない。この観点からいうと複数役者の掛け合いになる台詞のやり取り、問答の間に声を入れることも差し控えるべきである。例え台詞の間合いに声を入れられたとしても、芝居の感興を削ぐ場合が多いからである。二人或は三人の台詞が醸し出す緊張感やリズム、心地良さ等が役者ではない大向うの声により遮断中絶されるのは明らかである。

役者の台詞の合間、「こりゃこうしては」と役者が思い入れをして、「いられぬわい」と言いる。この役者が意識的に作る「間」に、大向うの声が割り込み入ることに、劇作家の宇野信夫は批判を記している。役者の芝居の邪魔をする行為と考えたのであろう。更に観客の耳にも余分な音となると判断したと推測出来る。大向うとしては、声をつい入れたくなる処であるが。

問答の流れ中断の例を示すと。『勧進帳』の山伏問答の終りに近いくだりである。

富樫　出で入る息は
弁慶　阿吽の二字
富樫　そもそも九字の真言とは、いかなる義にや、事のついでに問い申さん。サ、、なんとなんと。ここで詰め寄り、富樫役者の屋号を掛けると、中断作用となりマイナス

ここは、声を入れ易い処であり、我慢出来ずに大向うしてしまう局面である。しかし、折角富樫と弁慶両人の火を吹くような台詞のやり取りが別種の声で妨げられる状態となる。問答のフィナーレ部分開始直前の感興にとって、明らかにマイナス作用となる。

③　台詞の終了時

当然総ての台詞というわけではない。良い台詞で楽しませて貰った、有難う、気持ち良かった、ご苦労さま、これらの観客側の感情が込められる台詞の終了時点の意味である。具体的には名調子・名台詞に位置付けられるくだりである。この例として、名乗りの台詞が該当しよう。名乗りは殆どが良い調子で語られる場合が多いことに気がつく。黙阿弥狂言の七五調の台詞は、聞いていて堪らない話芸の世界である。

名乗りのツラネのある代表的な狂言――『青砥稿花紅彩画《あおとぞうしはなのにしきえ》』　稲瀬川勢揃の場

捕手五　して真先に

皆々　進みしは

駄右　問はれて名乗るもおこがましいが、生まれは遠州浜松在十四の年から親に放れ、身の生業も白波の沖を越えたる夜働き、盗みはすれども非道はせず、………
……（中略）……身の境界も最早四十に人間の定めは僅か五十年、六十余州に隠れのねえ賊徒の長本日本駄右衛門。**見得　ツケ　掛け声**

弁天　さてその次は江の島の岩本院の稚児上り、普段着馴れし振袖から髷も島田に由井ヶ浜、八幡様の氏子にて鎌倉無宿と肩書も島に育ってその名さえ、弁天小僧菊之助。**見得　ツケ　掛け声**

利平　続いてあとに控えしは月の武蔵の江戸育ち、重なる悪事に高飛なし、後を隠せし判官の御名前騙りの忠信利平。**見得　ツケ　掛け声**

十三　又その次に列なるは、以前は武家の中小姓、故主の為に切取りも鈍き刃の腰越や砥上ケ原に身の錆を今牛若と名も高く、忍ぶ姿も人の目に月影ケ谷神輿ケ嶽、今日ぞ命の明け方に消ゆる間近き星月夜、その名も赤星十三郎。**見得　（ツケ無し）　掛け声**

力丸　さてどんじりに控えしは、汐風荒き小ゆるぎの磯馴松の曲がりなり、人となったる

浜育ち
悪事千里と云うからはどうぞ終いは木の空と覚悟はかねて鴫立沢、しかし、哀れは身に知らぬ念仏嫌えな南郷力丸。　**見得　ツケ　掛け声**

## その四、役者の動作や仕草、踊りの段階に合わせて

### イ、動作

(1) 観客に初めて顔を見せた時（顔を隠していても声を掛ける場合もある）
(2) 花道から本舞台への途中で
(3) 門口、枝折戸を入る時
(4) 屋体で着座した時
(5) 座敷で立ち上がった時
(6) 後ろ向きになって奥へ入る時
(7) 舞台から去る時
(8) 迫り。スッポンで消える時
(9) 花道を歩み出し
(10) 六法を踏む時

## 六法いろいろ（八種類）

引っ込み芸として享保の末頃確立した演技で、特に見せ場となる花道のハイライトである。

1. 泳ぎ六法――『鯨のだんまり』の座頭級役者の花道引込み、鯨に見立てた黒幕を破って腹の中から海中に泳ぎ出る形の六方。
2. 片手六法――『国姓爺』楼門の場の和藤内
3. 狐六法――『千本桜』の忠信、鳥居前の場の幕外。花道の附際まで行くと、雷序になり。狐の手つきをして向うへ一杯に入る。
4. 傾城六法――『宮島のだんまり』の傾城浮舟太夫、幕外、スッポンから、簪をさした袈裟太郎、上は男下は傾城の姿で、重ね草履でセリあがる。セリ上がりで顔が見えた時掛け声、男と女の振りを見せて極まったところで**掛け声**、向うへ振って入る。
5. 坐り六法――『熊谷陣屋』の直実
6. 丹前六法――『鞘当』の不破と名古屋、『関の扉』の関兵衛と墨染
7. 飛び六法――『勧進帳』幕外の弁慶は片手の飛び六方で入る、『鳴神』の上人も飛び六法で入る演出がある。
8. 両手六法――『車引』の梅王丸、『国姓爺』紅流しの場の和藤内

飛び六方（勧進帳）に、花道七三で打ち上げ付きの**大見得**　**ツケ**　**屋号掛け声**　の前後で間違っても「待ってましたア！」と掛けてはいけない。チャリ掛けとなるからである。

飛び六方を待っているのではなく、弁慶が早く引き込むのを期待する意味になるからである。掛け声「待ってましたア」は歌舞伎での使用については乱用、誤用に最高の注意を要する用語である。悪意と思わぬ善意の掛け声が、演技者の気分を害するものはない。俺様が掛けたいのだから、どう掛けようが勝手というものではない。大見得の後、太鼓・笛入りの、飛び去りの鳴物で、片手をあげ、二足飛んで一足はずんだ時屋号掛け声、後は交互に足を出して揚幕に入っていく。跡シャギリ。

ロ、仕草

（1）観客に初めて顔を見せた時（顔を隠していても声を掛ける場合もある）
（2）花道から本舞台への途中で
（3）門口、枝折戸を入る時
（4）屋体で着座した時
（5）座敷で立ち上がった時

ハ、踊りの段階に合せて

歌舞伎舞踊の構造を分解すると、次の五段階となる。
第一段階　前弾・置……置唄、置浄瑠璃……舞台を空にして唄を聞かせる。踊り手は未登場。

第二段階　出端……人物の登場、紹介……花道、スッポン、舞台下手などから踊り手が登場。
第三段階　仕抜き・口説き・物語り……女が男への恋心を振り表現する部分↓クドキ、男の場合は語りで、合戦か廓通いの物語を踊る↓語り。
第四段階　踊り地……太鼓地とも言い、賑やかな鳴り物入りの手踊り、総踊りとなる。
第五段階　チラシ（段切れ）・幕切れ・幕外……終局の場面、舞台上の見得で終わるか花道へ引き込む場合もある。

二、踊りの掛け声の回数――一曲で六回が基本型

踊り手に声を掛けるのは、（1）出端の登場で一回（2）仕抜きか口説き又は語りの開始前と終了時で二回（3）踊り地の開始前と終了時で二回（4）チラシ（段切れ）の終了時で一回合計六回掛けるのが基本である。特に重要な掛けどころは、出端の登場とチラシの終了時である見得又は引っ込み、或は幕外そしてクドキ又は語りの開始前（演目によっては途中部分や終了時点も掛けどころ有り）の計三カ所は不可欠の掛けどころと考えておくべきである。

補足1.　基本型に加えて掛けるところ――衣装替え後再登場と引き抜き・ぶっ返り

踊りの大曲になると、途中での衣装替えに踊り手が引っ込み衣装を替えて舞台に再登場することが多い。この再登場も必ず再登場毎に声を掛けると覚えておくべきである。更に

引き抜きとかぶっ返りで舞台上で一瞬の間に衣装が変わるのも見せ場なので、これも声を掛けるべきところである。

補足2. 首振りのきまり首（三味線の間拍子）

首を三つ振るのをきまり首と呼ぶ。二法あり、一つは左より首を回し、正面よりやや右に倒し、次に完全に左に倒してから、正面に直す。二つは首を右へ回し、正面よりやや左に倒し、次に完全に右に倒してから、正面に直す。最後に極まる形であるが、踊りの途中で一区切りついた時にも使用される。このきまり首に合せて、三味線がチン・トン・シャンと弾かれるが、シャンの弾き終りのところで掛け声を入れる。特に踊り途中が入れどころである。日本古典舞踊の常マ（基本リズム）が三拍になっていることを忘れてはならない。

## 五、三味線音楽・下座音楽・拍子木に合わせて

### その一、三味線音楽に合わせて

#### （一） 物語り

義太夫狂言の時代物の「物語り」開始前に大体、義太夫〽「物語らんと座を構え」の詞章

となり、主人公は三味線ツンツン掛け声で、物語りに入ってゆく。

この「物語り」は、過去の戦の様子や事件の回想・経緯を語る場合が多い。『熊谷陣屋』の直実、『実盛物語』の実盛の物語りがこれに該当する。これ以外に、自分の隠してきた本心を物語るものもある。『鬼一法眼』四段目の『一條大蔵譚』の大蔵卿の物語りがこれに当る。戦物語りの一種である「御注進」の役どころも戦場の状況報告で短い物語りをする。『十種香』の原小文治と白須賀六郎、『盛綱陣屋』の信楽太郎がこの役である。物語りの場合はスタートが三味線の糸に乗るばかりでなく、途中の見せ場で何回かツケ打ちがあるので、当然掛け声はツケの箇所毎にも回数分行うことになる。

歌舞伎舞踊の物語りの部分を、踊り担当の役者が、浄瑠璃（竹本、長唄、常磐津）の詞章に合せて踊る演目がある。『将門』の光圀の物語りがその例である。光圀台詞「いかさま切なるおことが心底……　　……往古の東内裏の荘厳を　思い出せばオオそれよ」掛け声、常磐津〽「将も相馬の将門は　威勢の余り謀反と共に……」の如く、踊り開始直前に掛け声を入れる。

## （二）口説き

歌舞伎の義太夫狂言の演技での、女方の独白の部分を、太夫の語りと分けて聞かせる。

女方の口説きは連れ合いや子供を失くした悲しさを三味線の糸に乗せた演技・台詞で表現

する。『陣屋』の相模、『太十』の操、『野崎村』のお染等がこの例である。いずれも、口説きの始まる直前に掛け声を入れる。

歌舞伎舞踊の中心部分が口説きであり、この踊りの振り開始前にも、三味線が入るのが原則である。ここで踊り担当の女方役者に対して、踊り開始直前に、掛け声を入れる。

女が自分の想いを男に心のたけを述懐する場合が多い。『将門』の滝夜叉姫が光圀に対し、常磐津〽「嵯峨やお室……」の様に、相手がある場合と、『娘道成寺』の白拍子花子が、長唄〽「恋の手習……」の箇所で手拭いを持ち、一人で口説く振りになる場合との二種類がある。

その二、下座音楽に合わせて

**(一) 唄**

伴奏を伴わない唄は稀で、殆どの唄は三味線の伴奏が付いている。

**(二) 合方**

唄を伴わない三味線だけの演奏を言う。唄のない楽節である。歌舞伎特有の情景、人物季節、祭礼、神社、寺、廓等に用いられる。

**(三) 鳴物**

鳴物の楽器は多種多様で三種類に分けられる。(1) 主奏楽器として、小鼓・大鼓・太鼓能管の四拍子に篠笛・大太鼓。（2）助奏楽器は、大拍子・土拍子・桶胴・楽太鼓・当り鉦・本釣り・銅ラ・双盤・振鈴・チャッパ・松虫・オルゴール。（3）雑楽器が、銅鉢・一つ鉦・木魚・団扇太鼓・鞨鼓・拍子木・琴・胡弓・尺八・チャルメラ・ハーモニカ。

掛け声のキッカケになるのが、二つあり、大太鼓と本釣りである。これらが鳴らされた後に静かに屋号掛け声を入れると良い場合が多い。

## その三、拍子木に合わせて

### （一）止め木（柝）

開幕合図に柝を二つチョン……チョン（時代物）と打つ、世話物はチョン……チョンと間を詰めて打ち、これで幕が開かれ始める。この柝を「柝を直す」と言う。開幕の囃子に合せ、幕が引き終わるまで、きざみ込むように、チョンチョンチョンチョンチョンと間を空けずに打ち続ける。この柝を「きざみ」と言う。この「きざみ」が終わると、最後に甲高くチョーンと一つ打つ。この柝を「止め柝」と言い、「開幕完了」の意味で打つ。気の早い観客で開幕半ばなのに、板付きの役者を舞台上に見つけて声を掛ける場合があるが、掛け声は「止め柝」が入って後でと心に刻んでおくこと。

開幕「止め柝」チョーンの直後に板付き役者の顔が見えたら、**屋号掛け声**

## （二）**出語り**

義太夫や常磐津演者などが、芝居中に舞台に現われて演奏するケースがある。これを「出語り」と言う。出語りで演者が姿を現わす時には、柔らかい感じでチョンと軽く打った後で、弾んだ打ち方でチョチョンと打つ。『義経千本桜』の道行初音旅の場、

静　「なに、継信が忠勤とや」

清元〽「誠にそれよ越方の」ト知らせにつき、チョチョン、**掛け声「待ってましたァー」**

上手の霞幕取り払い、竹本になり、

竹本〽「思いぞ出ずる壇ノ浦の」

忠信　「海に兵船平家の赤旗、陸に白旗」**掛け声「○○屋ッ！」**

## （三）**幕切れ**

幕切れはどんな演目—歌舞伎十八番、時代物、時代世話物、世話物、生世話物、舞踊、新歌舞伎、スーパー歌舞伎——でも最も大事な部分である。従って幕切れの柝もその幕全体を引き締める再重要な役割を果たすことになる。総ての演目の幕切れは大別して次の三種類になる。

### イ、**本幕「幕切れ」の柝の頭**

時代物は、最後に主役の台詞或は動作をきっかけとして大きくひとつ、チョーンと柝

を打つ。これを柝の頭（木の頭とも書く）と言う。

「何が何して、チョーン**主役屋号掛け声**ええ、なんとやらじゃなあ」と極まったところへ入れる。

この後、主役の見得、ツケ打ち**主役屋号掛け声**となる。その後、幕引き。

## ロ、ダラ幕の柝

時代物で、打ち上げ付き大見得又は大見得の場合、ここで大見得役者へ屋号掛け声大見得の余韻を残すように、ゆっくりと間をとり打つ柝をダラ幕の柝と言う。同じ高さで、ダラダラと打って幕を引くからである。ダラ幕のチョンが打たれ始めたら、大見得役者以外のその場の主要役者達へ順次、チョン・○○屋！　チョン・××屋！　チョン・チョンチョンチョンチョンチョンチョンチョンチョンチョンチョンチョン……チョーン（止め木）

## ハ、拍子幕の柝

世話物、生世話物の場合、台詞や動きのきっかけで「幕切れの柝の頭」を大きく、チョーンと一つ打った後、刻み込むように細かく柝を打ち続けて幕を閉めていくのを拍子幕と言う。この拍子幕を閉め切った時に終りとして「止め柝」をチョーンと一つ打つ。

掛け声の入れ方は、次の通り。

『三人吉三』の和尚吉三・お坊吉三・お嬢吉三、大川端の場、幕切れ

和尚　この返礼はまたそのうち、

お坊　思いがけねえ力が出来、

お嬢　祝いにこれから、

　　ト三人立ち上がる。ここで以前の駕籠かき二人出て

二人　うぬ、盗人め。

　　ト和尚に打ちかかるのを左右に突きやる、お坊お嬢引きつけて、

和尚　三人一座で、チョーン**「屋号掛け声」**

## 六、歌舞伎の掛け声

大向うが舞台へ発する言葉を掛け声と言う。これには次の四種類がある。

第一、現在の褒め言葉。

第二、過去の褒め言葉。

第三、過去の悪褒め言葉。

第四、チャリ掛け。以上である。

これらを更に詳しく見ていこう。

その一、現在の褒め言葉……二十一世紀の現代の掛け声であり、劇場内で発せられる掛け声は凡そ次の七種。

（一）俳優の屋号
（二）俳優の芸名
（三）名跡の代数
（四）住所の名……例えば、（四代目尾上松緑への「紀尾井町」）
（五）ご両人（踊りとか道行の場面で、夫婦や恋人などのカップルに掛ける場合が多い）
（六）待ってました（黙阿弥狂言の名台詞の始まる前など）
（七）おめでとう（襲名や初舞台の時など）

その二、過去の褒め言葉……十七種

（一）親玉《おやだま》――芝居の座頭、立者などを褒めて呼ぶ時に用いられる。四代目以降の歌舞伎宗家の市川團十郎に対する掛け声
（二）お天道様《てんとうさま》――文化五（一八〇八）年十一月、中村座『御贔恩賀仙《ごひいきおんがのしまだい》』で、三代目中村歌右衛門が厳島清盛を初演、桧扇で太陽を招き返した演出。これに由来の掛け声

（三）千両《せんりょう》――一年に千両もの給金をとる役者の意で、格式高い役者、技芸の優れた役者に対する掛け声。千両役者二人同場で二千両、三人揃えば三千両と掛ける。
（四）金箱《かねばこ》――金銭を生み出してくれる財源となる役者という意味合いの掛け声
（五）そっくり――父親や祖父に似ているという意味の子供役者や後継役者に対する掛け声
（六）ご苦労《くろう》――演技お疲れ様という意味の慰労の掛け声
（七）神様《かみさま》――芝居の神様という意味の掛け声、七代目坂東三津五郎は「踊りの神様」
（八）大統領《だいとうりょう》――昭和十五（一九四〇）年二月に六十一才で没した二代目左団次、欧州へ八カ月の外遊、自由劇場を創設し翻訳・創作劇にも尽力した国際派への洋風掛け声
（九）大番頭《おおばんとう》――一座一門の総てを預かり、座頭を助ける最上位の補佐を務める古参役者に対する掛け声、例えば猿之助一門の二代目市川段猿（大正七年生、平成八年七十八才没）
（十）親子丼《おやこどんぶり》――親子で同一芝居を共演している場面の掛け声
（十一）俳号《はいごう》――江戸時代から役者は芸名・屋号の他に俳句の名前を持ちその掛け声
（十二）六代目《ろくだいめ》――六代目尾上菊五郎に対する掛け声、六代目への他の掛けかたは、「役者の神様」「芝居の神様」「校長先生」そして勿論現在も使用される「音羽屋」
（十三）大松島《おおまつしま》――十三代目仁左衛門に対する掛け声
（十四）大成駒《おおなりこま》――「岡本町」とも掛けられた六代目中村歌右衛門への掛け声
（十五）本姓《ほんせい》――例えば、役者尾上家の戸籍上の本姓、「寺島」の掛け声

（十六）「出来ました出来ました」と演技の内容を褒める掛け声

（十七）そのカタチ（形）ッ——能は形より心を、歌舞伎は心より姿形を重視する。役者も観客もカタチの大事さとカタチの良さを求めていた時代（昭和）の掛け声。十七代目中村勘三郎の寺小屋の松王丸、源蔵とぶつかった時に刀を突き直さず、そのまま左足を引いて極まった。こで「ソノカタチッ」という掛け声が入った。勘三郎と共にこの掛け声は今は聞かれない。

## その三、過去の悪褒め言葉……六種

（一）大根（だいこ、だいこん）——大根は煮焼茹揚生どんな調理法でも決して当らないので当らない役者の意、大根役者という意味

（二）大大根（おおだいこ、おおだいこん）——大根役者の中でも最も下手だとの意

（三）引《ひ》っ込《こ》め——観るに堪えない演技だ舞台から消えて終えの意

（四）罰当《ばちあた》り——罰が当って当然という意味の罵り言葉

（五）女殺《おんなごろ》し——女を悩殺する好色男のこと

（六）小学校《しょうがくこう》——演技が未熟で中学・高校生にも至っていない意

## その四、チャリ掛け

滑稽な文句の掛け声の事。芝居の進行を助けるわけでも無く、俳優の演技・台詞を光らせる目的でも無い。ただその掛け声により、観客の笑いと注目を発声者としての自分に引き付けようという魂胆の掛け方を言う。

過去の例で言うと『天衣紛上野初花《くもにまごううえののはつはな》』六幕の入谷蕎麦屋の場で、酒を呑みながらカケ蕎麦を食べている片岡直次郎に対して、「旨いか」と掛けるようなのがチャリ掛けの一例である。また、『勧進帳』の幕切れ、幕外になり花道七三に残った弁慶が先に行った義経主従を心配し向揚幕（花道の揚幕）の方を見やる処で、「もう大丈夫」と余計な声を掛けるのもチャリ掛けである。

三例目に、『石切梶原』の手水鉢を梶原平三が真っ二つに切ったところで、台詞で梢「あれ、モシ父さん」、梶原「剣も剣」、六郎「切り人も切り人」、ここでチャリ掛け「役者も役者」と嬉しそうに余分な台詞を追加してしまう。これもチャリである。しかし、なんとなく微笑ましい種類のチャリではある。

四例目、寄席の客席から投げ掛けられる「タップリ」を真似る観客がいるが、歌舞伎の場合、役者に対して失礼である。なぜなら「タップリ」が十分に演じて下さいと言う期待感より、手抜きせずにチャンと演じてと言うダメ押しになるからである。**六代目尾上菊五郎**が、談話で、「私が出ると大向うが、タップリ、と声をかける。どうたっぷりやれというのだろう」と言及していたが、真にその通りである。相手役が居り、合方・唄・鳴物もある。独り語り芸の落語とは大違いであり、自由自在に噺を短縮出来る噺家とは全く違う。

役者に対し非礼となる自覚も、言葉の意味も弁えずに、自分をヒケラカスだけが目的のこの歌舞伎での「タップリ」の掛け声はチャリ掛けに属すると思う。どう割引しても適当に声を掛けてることを宣言しているようなものである。筆者は決して知らないことを非難しているのではない。

教わる教師も居なければ、学ぶべき書物の一冊も存在していない二〇一六年二月の現在、大向うを知らない者を批判する資格は、誰も有しては居らない。

以上の四つの例にあるようにチャリ掛けは大向うの邪道で、俳優に失礼であるばかりでなく観客に対する傲慢でもある。芝居を壊し芝居の情緒を失わせる妨害行為である。決して真似をしてはならない掛け方である。チャリ掛けは、役者に対する愛があれば避けられるものである。

## 七、現在の歌舞伎俳優の屋号（二十九の屋号、五十音順）

一、**明石屋**《あかしや》

大谷友右衛門家の屋号であるが、初代友右衛門の屋号は「山科屋」、後に「大坂屋」を称え、二代目から「明石屋」を名乗った。明石は兵庫県の南部、神戸の西方にあり、白砂青松の明石の浜で名高い地。屋号に選んだ由縁は不詳。

二、**音羽屋**《おとわや》

尾上菊五郎一門が「音羽屋」を称するのは、初代菊五郎の父親が音羽屋半平と名乗り、京都四條の都万太夫座の出方（劇場従業員、茶屋扱いでない木戸から来るフリの客の案内や食事・お茶の世話係、食事や番付け販売の口銭、祝儀が収入）を務めていたことに因る。「清水寺」は、音羽山の中腹にあり、奥の院には「音羽の滝」がある。京では知られた音羽の名前に因んだ屋号。

三、**澤瀉屋**《おもだかや》

市川猿之助・段四郎一門は、家紋「澤瀉紋」を使用しているが、二代目市川段四郎以来の屋号「澤瀉屋」。荒事の『草摺引』の曽我五郎の鎧の逆澤瀉に起因していると伝えられる。

**四、加賀屋《かがや》**

中村魁春・東蔵は、六代目中村歌右衛門（屋号「成駒屋」）の弟子で、初代歌右衛門は「加賀屋」二代目「蛭子屋」三代目「加賀屋」を屋号とした。初代歌右衛門が、加賀の国（石川県）金沢の医師の子であったことに因る。師匠筋の旧屋号「加賀屋」を継承。

**五、紀伊国屋《きのくにや》**

初代澤村宗十郎の出身地が、紀伊の国（和歌山県）であったことに因る。

**六、京屋《きょうや》**

初代中村雀右衛門は、大坂の泊茶屋「江戸源」の倅。父の屋号「江戸屋」を称した。二代目雀右衛門は初代の門人で前名中村芝雀。初代屋号は継がず、「京屋」を屋号として、以降四代目まで屋号「京屋」。七代目中村芝雀が、平成二十八年三月五代目中村雀右衛門襲名。

## 七、高麗屋《こうらいや》

「高麗屋」は松本幸四郎家の屋号。初代幸四郎は「大和屋」を称した。二代目幸四郎（養子）屋号高麗屋が、のち四代目市川團十郎と市川家を継いで成田屋となる。高麗というのは、中世朝鮮半島の統一王朝で西暦九一八年建国、一三九二年亡国の国名。高麗はコウライとも読むので、それに因む屋号、屋号に選択の由来は不明。明和年間（一七六四〜七二年）に描かれた駒井美信『芝居桟敷』の錦絵では提灯が二つ夫々三升紋付きで桟敷の処に置かれており、一つには漢字で「高麗屋」、あと一つには平仮名で「こうらいや」と明らかに描かれている。四代目幸四郎の活躍した時代の作品である。

## 八、十字屋《じゅうじや》

大谷桂三の屋号。昭和四十八（一九七三）年に四代目坂東志うか（昭和三十九年六月に守田勘弥門にて前名尾上松也から襲名）、新設芸名の初代大谷桂三を襲名、歌舞伎畑の出自でなく子役から尾上松緑に入門、父は新派俳優春本泰雄。新屋号の「十字屋」は、「当時の片岡孝夫、後の十五代片岡仁左衛門が名ずけ親」とご本人大谷桂三の談（筆者直接会見時に）。

九、高砂屋《たかさごや》

中村梅玉家の屋号。二代高砂屋梅玉以来の屋号だが、屋号の根拠は不明。高砂は播磨の国（兵庫県）南部にある風光明美の土地。「高砂」の名前自体が、能の曲名になっている祝いの曲で、目出度い意味合いが強い。

十、高嶋屋《たかしまや》

市川右之助の屋号、高いにヤマドリの嶋で、「高嶋屋」。昭和四十八（一九七三）年に三代目襲名時は、大島の「島」であったが、昭和の末になってから、市川左団次の屋号「高島屋」と差別化をはかり、ヤマドリの「嶋」に変更した。演劇出版社の別冊『歌舞伎俳優名鑑』昭和六十（一九八五）年十二月発行に高嶋屋と記載。初代右之助は初代市川右団次（屋号「高島屋」）の子、二代目右団次の孫が現三代目右之助にあたる。

十一、高島屋《たかしまや》

初代市川左団次の養父四代目市川小団次の父が、市村座の火縄売りをしており、高島屋栄蔵と称していた、それに因る。以後現四代目左団次まで「高島屋」が屋号。右団次は小団次の庶子、養子が左団次で同じ屋号「高島屋」を継承した。

十二、滝乃屋《たきのや》

七代目市川門之助の途中まで、滝にノハラの野で「滝野屋」。七代目は女方役も多く、多彩な役柄を得意としていたので、女方の優しさを「屋号」の文字でも表わしたいと考えた。「野」の字をひらがな助詞「の」の当て字の「乃」に七代目自ら変更した。昭和六十(一九八五)年十二月発行『歌舞伎俳優名鑑』から滝乃屋の表記。これが真相であると、七代目の子息現八代目市川門之助ご本人から筆者が直接聴取。

十三、滝野屋《たきのや》

二代目市川門之助の長男が、初代市川男女蔵。二代目門之助は初め芸名「滝中鶴蔵」と名乗っており。滝中の滝を採り「滝野屋」の屋号を用いた。

十四、橘屋《たちばなや》

市村羽左衛門の一門の屋号「橘屋」。三代目の甥で養子になった四代目市村竹之丞が、村山座を改名し市村座とし、初代座元となった。市村座の「座紋」が、「根上り橘」であり、家紋も同様。これに因り代々「橘屋」の屋号。

## 十五、豊島屋《てしまや》

嵐圭史は、五代目嵐芳三郎の次男で、屋号は「豊島屋」。屋号の由来は不詳だが、摂津の国（大阪府の一部と兵庫県の一部）豊島郡豊島村（現在は豊中市）という地域があり、豊島莫蓙の産地として世に知られた地名。

## 十六、天王寺屋《てんのうじや》

中村富十郎家の屋号で五代目富十郎の長男が現初代中村鷹之資（初名中村大）、発音数で屋号は四音か五音が多い中で、最多音の六音の長い屋号。大阪の市内南東部に天王寺区という区名があり、四天王寺という名刹がある。天王寺とは、四天王寺の略称である。初代中村富十郎は、大坂辺りに何度か居住しており、その際の縁に因るかとも推測出来るが定かではない。平成十七（二〇〇五）年十月に、大阪四天王寺の塚原管長より四天王寺聖霊院にて改めて「天王寺屋」の屋号を允可証として授与されたのが、五代目中村富十郎である。翌月の同年十一月に新鷹之資が改名披露を、父子で『鞍馬山誉鷹』を歌舞伎座で行う直前の屋号に係わる慶事で、六歳半の幼い長男と屋号に対する父親の思い入れの深さを感じた。

## 十七、中村屋《なかむらや》

中村勘三郎家の家系は、十六世紀後期の桃山時代、駿河府中（静岡県静岡市）で十四万五千石を領した大名中村一氏の弟中村重友が初代猿若勘三郎の祖父。屋号としては、初代猿若勘三郎が、猿若舞を後西天皇に上覧した褒美に、拝領した羽織に入っていた丸に三つ柏の紋に因んで、「柏屋」と称した。父の重勝（重友の子）は蜂須賀家の家老に迄成っており、幕府が猿若勘三郎に与えた特別な取り扱いは、尋常なものではない。三代将軍家光の猿若の芸に対する絶大な贔屓は、勘三郎家を格別な家として以後の幕府が配慮した原因であろう。後継者は本姓を採り中村を名乗り屋号も「中村屋」に改め、十八代に至った。江戸中村座の座元も兼ねた家柄。

## 十八、成駒屋《なりこまや》

中村歌右衛門一門の屋号「成駒屋」。初代歌右衛門が四代目市川團十郎と義兄弟の契りを結ぶ仲。團十郎から歌右衛門に贈られた舞台衣装に将棋の駒の模様があった。それに因み、成田屋の「成」と将棋の「駒」の字を合せて、「成駒屋」の屋号を四代目中村歌右衛門が、使い始めたとされる。何故八十年後の四代目から、三代目迄の「加賀屋」を取り替えたかは詳細不明。

**十九、成田屋《なりたや》**

市川團十郎家の屋号「成田屋」。成田山新勝寺の不動尊を模した芝居「兵根元曽我」の上演に由来する屋号。歌舞伎の総本家とされる家系。

**二十、播磨屋《はりまや》**

中村吉右衛門一門の屋号。初代中村吉右衛門の先祖が、大阪三井の番頭を務めており、播磨屋作兵衛と名乗っており、これに因り屋号を「播磨屋」とし現二代目に至る。

**二十一、松嶋屋《まつしまや》**

平成十（一九九八）年一月、十五代片岡仁左衛門を片岡孝夫が襲名、屋号「松嶋屋」となる。従来マツシマは、松竹梅の「松」に大島の「島」と表記していたが、襲名をキッカケに「松」にヤマドリの「嶋」になった。片岡家の事務所に確認したところ、七代目より江戸期には「嶋」であったが、明治以降世上「島」になったのを、旧に復したとの由。屋号の由来は不明だが、松島は、天の橋立、厳島と共に日本三景の一つ。美しく、爽やかなイメージがある名称。

**二十二、松島屋《まつしまや》**

片岡十蔵・亀蔵の屋号「松島屋」。十五代目仁左衛門襲名までは、弟子筋も同じ松島屋であったが、これで差別化された。

**二十三、三河屋《みかわや》**

市川団蔵家の初代が、三河の国（愛知県の東部）の出身であったことに因り、屋号「三河屋」。

**二十四、美吉屋《みよしや》**

片岡我當の弟子片岡千次郎、平成五（一九九三）年十一月六代目上村吉弥を襲名。五代目吉弥が「美吉屋」を名乗っていたが、美吉の起源は不明。美しい吉弥という表現の作字であろうか。芸名の「上村」は歌舞伎界では珍しい姓だが、歴史ある名である。

**二十五、山崎屋《やまざきや》**

河原崎権十郎家の屋号「山崎屋」。京阪の地「山崎」が、初代河原崎権之助の出身地であったことに由来。

## 二十六、山城屋《やましろや》

平成十七（二〇〇五）年十一月、二百三十一年途絶えていた上方の大名跡「坂田藤十郎」を三代目中村鴈治郎が襲名。本来なら三代目坂田藤十郎、初代藤十郎の甥で二代目藤十郎の養子の後継ぎとして、四代目と屋号「柊屋」を称すべきであったろうが、屋号は相続しなかった。坂田家の二代目と三代目の力量を、坂田藤十郎を継いだ三代目中村鴈治郎が評価していない為と伝えられている。

新たに選んだ屋号が「山城屋」、中村鴈治郎の生育地が京都であり、京都府は旧国名で言うと山城の国と丹波の国が置かれ、山城の国の国府は、現在の京都市内にあった。名跡数の四代目は一切表示せず、只、「坂田藤十郎」で襲名行事及び襲名披露興行を押し通した。従って、この間の事情を知る者は、掛け声で「四代目」の発声は禁句、禁じ手として完全に封印。

## 二十七、大和屋《やまとや》

坂東三津五郎一門の屋号「大和屋」。一七〇七年から一七一〇年頃「大和屋又八」と坂東家の先祖が名乗っていた。初代が坂東三八の養子、三代目が初名を坂東三田八と名乗った。以後代々「八」の字を重んじた。十代目坂東三津五郎も前名が坂東八十助と先祖又八の八が続いている。

## 二十八、八幡屋《やわたや》

中村亀鶴の屋号「八幡屋」。二代目中村富十郎の屋号は、最初「天王寺屋」、後に「八幡屋」天王寺は大阪の寺名・地名、八幡は、山城の国八幡山（京都府八幡町）の地名。四代目中村富十郎の三男が、初代中村亀鶴でその子が、現二代目亀鶴を継いだ。前名は中村芳彦で屋号「天王寺屋」であったが中村亀鶴襲名と同時に、昔の屋号「八幡屋」を復活させられた。

## 二十九、萬屋《よろづや》

三代目中村時蔵直系の一門が、従来の屋号「播磨屋」から、新しい屋号「萬屋」を創成し改名する披露が行われた。昭和四十六（一九七一）年十月のことであった。彼等の母が、猿若町市村座の芝居茶屋「萬屋」吉右衛門の娘お亀であったことに因る。三代目時蔵は兄初代吉右衛門一座の立女形であったので、それ迄「播磨屋」を屋号としていた。

# 八、京劇

歌舞伎大向うの案内書に何故京劇が出て来るのか、疑問に思う読者もおられようが、学生時代から中国語に関心を持っていた筆者は、歌舞伎と同様に京劇を研究してきた。若年の頃、どうしても京劇の実技に触れたいと思い、台湾に長年留学した日本人で正式の京劇役者である師に教えを乞うた。市村潔子先生（二代目市村萬次郎令夫人）である。

歌舞伎と京劇と共に、両国の代表的国民演劇であり、その類似点と相違点があるものの、アジアを代表する二つの演劇であることに、深い感銘を受けた。歌舞伎を愛好する者は、京劇を理解認識するに、充分な資格と資質があると考える。以降、少し述べることとしたい。

## 九、人間の発声する音の種類（史記・司馬遷と京劇俳優・袁世海）

### 史記・司馬遷（スーマーチェン）

前漢の歴史家、司馬遷は、天下の散逸した旧聞を集めて「史記」百三十篇を紀元前九十二年に完成させた。この中に史記巻二十四の「楽書」があり、ここに人間の発する六種類の音について記述されている。即ち、

（一）哀しみの声は、急迫して弱い音
（二）楽しみの声は、緩やかな伸びる音
（三）喜びの声は、高く広がる音
（四）怒りの声は、荒く激しい音
（五）敬いの声は、素直な節度ある音

（六）愛しみの声は、柔らかく和やかな音

人間の感情を日本では「喜怒哀楽」と四種類に分けて普通表現するが、史記の「楽書」では、「敬い」と「愛しみ」の二つを加えて六種にしているのが、特徴である。

**京劇俳優・袁世海（ユアンシーハイ）**

二十世紀の中国の代表的な京劇名優と評価された梅蘭芳の相手役として、「覇王別姫」の項羽役を務めた七人の名優の内の一人が袁世海である。歌舞伎俳優が、所作仕草と台詞を受け持ち、浄瑠璃は竹本、常磐津、新内の演者がこれを担当する。一方、京劇俳優は、歌舞伎の浄瑠璃部分も自ら担当する。換言すれば、所作仕草と台詞だけでなく、バックの語りとノドを聞かせる部分も担当するが故に、発声に係わる演技表現が重要視されるのである。京劇俳優は、役柄で大別して四つになる。袁世海の持ち役は、次の三番目の中の架子花臉である。濁った錆のある声で唄うが、芸の見せ処は、台詞と身振りである。楚の項羽（黒い隈取―暴れまわる役）、魏の曹操（白い隈取―悪役）などが、彼の代表的な役柄。

（一）生―男性の役
（二）旦―女性の役
（三）浄―顔に隈取を描く男性の役
（四）丑―道化の男性の役

袁世海の演技の手法に依ると、彼の感情表現は八種類であるとしている。次の通りである。

（一）喜―喜びの表現
（二）怒―怒りの表現
（三）哀―哀しみの表現
（四）惧―恐れて目を見張る表現
（五）憂―憂うる表現
（六）思―思い悩む表現
（七）驚―驚きの表現
（八）羞―恥ずかしがる表現

## 十、京劇の掛け声――「好」（ハオ）と「很好」（ヘンハオ）

京劇に対する観客の掛け声は、その起源清朝十八世紀末から現在中華人民共和国に至る歴史の中で二種類しかない。「好」と「很好」である。掛け声の記述が記録に残る最古のものは次の通りである。通常、「好」と声を掛け、連呼する場合、「好、很好」と発声するケースが多い。

大清帝国に派遣された最初の英国使節ジョージ・マカートニーは英国王ジョージ三世の全権大使で、乾隆帝の中国に一七九三年から一七九四年に使かわされた時に詳しい日記を残した。一七九三年北京に滞在中の九月十八日（水曜日）の日記には、清朝第六代皇帝乾隆帝から招待を受けた使節団が催し物・中国の悲劇喜劇・無言劇を観賞した時の様子が延々と記されている。要所を原文訳で抜粋すると次の通りである。

……ラブ・シーンあり、戦闘あり、人殺しありその他演劇に通常出てくるような出来事は、皆あった。――中略――私のすぐ傍にいた大人たちは、私によく心に留めてこれを見て呉れと言い、同時に自分たちも異口同音に「好！」、「很好！」と繰り返し叫んだ。催し物は数時間続いた。……（昭和五十（一九七五）年九月、平凡社発行、訳注者　坂野正高　書名東洋文庫二七七『中国訪問使節日記』　定価千円）

註一　大人（ダーレン）―長官、身分の高い人、目上の人、大人物のこと。
註二　好―驚き、意外、賞賛を現わす言葉。↓「よい」すごい」「お見事」
註三　很好―很とは程度が勝っていること。↓「大変よい」「この上なくすごい」「全くお見事」

## 十一、京劇の掛け声の歴史・変遷

京劇と呼ばれる中国の歌舞伎とも言う芝居の起源は、歌舞伎四百年余に比較して半分の二百二十年余である。我が国の猿若勘三郎が京都から江戸に来て江戸歌舞伎の開祖になったのが、一六二四年。それより百六十六年の後、中国の北京に、安徽省の花旦・高朗亭が一座三慶班を率いて上って来て、大人気を博したのが一七九〇年のことであった。この年を京劇元年とする。

一七九〇年は乾隆帝の八十才誕生日の祝いの年であり、祝賀の為地方から北京へ、江南の安徽省の四劇団が招集され朝廷の式典に参加、その筆頭が三慶班（班は部とも表現され、一座という意味）である

これが歴史上有名な「四大徽班（三慶、四喜、和春、春台）上京」である。

## 十二、京劇の演目数（脚本数）――一千二百五十

京劇の演目に関して、現在最も権威ある書物は次の通り。

書名―『京劇劇目初探』　編著―陶君起　出版―中華書局　発行―二〇〇八年八月　定価六十八元。

この書籍は、中国戲曲研究院の陶君起氏が一九五七年に初版、一九六三年に再版されたものを復刻したものであり、上古、殷、周から清、民国を経て文化大革命前の革命京劇作品も含ま

れている中国数千年のあらゆる題材の脚本の集成である。再版には、初版後上演された六十演目の新作（主に現代劇）が追加されている。

京劇の演目の合計は、一千二百五十作である。京劇の演目数は非常に多く、俗に三千八百種と言われていたが、文字による災いや処罰を恐れる清朝時代の京劇関係者の警戒心が文字に記録する脚本の存在を妨げたのも大きな理由であったに違いない。江戸時代の歌舞伎役者の差別より酷いもので、簡単に死刑にされる賎民の境遇であった。

## 十三、歌舞伎の演目数（脚本数）――六百三十四

松竹株式会社演劇部が発行した季刊誌『歌舞伎』がある。この別冊五号昭和五十（一九七五）年十二月発行、定価千二百円、編集人　野口達二に『残存狂言細見』二十一頁が通称・本外題・作者・上演年・種別等を記してアイウエオ順に纏められている。

イ、義太夫世話、時代・歌舞伎世話、時代……三百五十二

ロ、新歌舞伎……五十八

ハ、舞踊、新舞踊……二百十五

イロハを合計すると、六百二十五となる。これに、昭和六十一（一九八六）年二月以降に三代目市川猿之助により創成・主演されたスーパー歌舞伎九演目（第一作「ヤマトタケル」は既

に古典とも位置付けられよう）を加えると、六百三十四となる。

スーパー歌舞伎は、歌舞伎ではないと発言した大向うが何人かいるが、己の技量の未熟を隠すのが精一杯の程度であり、時代の変化も進展も認識する能力に著しく欠けている者たちが多いように筆者には感じられた。

## 十四、京劇役者が、掛け声に対して拒絶のケース

初期の京劇を代表する役者がいる。程長庚（チョンチャンコン）（一八一一～一八八〇）、安徽省出身で三慶班の看板役者であったが、自分の演技と芝居に独自のコダワリを持っていたと伝えられている。京劇の観客は、掛け声以外に賞賛の意を示すのに、拍手喝采を劇中に行うのが常であった。現代日本の歌舞伎観客も拍手喝采を行うが、江戸時代の歌舞伎観客は拍手喝采は行わず、掛け声のみで賛意を示した。拍手は役者の台詞が聞き取り難くなり、拍手が芝居の効果を妨げることを知っていたからに他ならない。程長庚は自分の芝居の観客に拍手喝采を禁じたと伝えられている。更に驚くべき伝説としては、清朝宮廷に招かれ、同治帝の御前で京劇を演じた時、事前に上奏した文言がある。即ち「何卒、好というお言葉はお掛け下さいませぬよう」清朝の皇帝の前で演じた京劇役者は数多いが、斯様な願いを差し出した例は他に例を見ない。この願いが如何に世に知られた名優でも危険で命がけの勇気のいることであったか、又

平常にも観客に対して自分の芝居を静かに観賞するよう求めて守らせていたかの証左でもあったと考えられる。

## 十五、歌舞伎役者が、掛け声に対して拒絶のケース

古今の歌舞伎役者で掛け声に対して禁じたのは、筆者知る限りで只、五代目坂東玉三郎一人である。日本を代表する現代の歌舞伎女形役者である。

但し、彼の場合掛け声を禁止したのは、劇場が大向うとして認証していた所謂プロの大向うの会員に対してのみである。一般客に対して「劇場アナウンス」や「張り紙」で掛け声をストップさせたことは無い。この理由はよく分らないが、自分の芝居にプロの大向う（この場合のプロというのは、素人に対する玄人という意味ではない）劇場が江戸時代の門鑑、現代での劇場用ＩＤカードの通行証を与えて劇場出入りの自由を与え、その代わり掛け声を掛けさせる芝居好きのこと。

必ずしも大向うとしての個々の技量・技術を保証するライセンスではない者の声援は、不要。自分には、演技の邪魔になるという歌舞伎役者の信念に由来しているのであろう。

少なくとも現行の大向うシステムに満足していない証左であり、現在三百人を超える歌舞伎俳優の中で、只一人拒絶の明確な意思表示を日常示したのは彼のみであった。平成の歌舞伎界

の出来事として後世に伝うるべきと考える。筆者自身が体験した事例の中から三例を記して置く。

一例

平成十九（二〇〇七）年三月二十五日、最終日曜日の十二時半国立小劇場の正面入り口でチケットを切って貰って一階ロビーへ進む。開演は十三時。顔見しりの国立劇場A支配人が観客に挨拶を続けている。「千秋楽おめでとう御座います」「おめでとう御座います」千秋楽恒例の挨拶を交わす。以下支配人と筆者との会話。

支配人「中條さん、今日は声掛けるの控えて頂けます？」

中條「何故ですか？」

支配人「役者さんの方から、劇場に連絡があって、今月この芝居には大向う掛けさせるなというキッイお達しなんですよ。」

中條「今月の出演の役者で、大向う禁止を指図してくるのは座頭の大和屋しか居ないと思うけど、そうですか？」

支配人（無言で頷く）

中條「私、あぜくら会のチケット買って来た一般客なんだけど、それでも声掛け禁止なの？」

支配人「とにかく全面禁止なの。」

中條　「貼り紙や場内アナウンスで掛け声禁止を知らせるんですか？そうしないと知らない観客は掛けるかも。」
支配人「個別対応でやってます。」
中條　「ふーん、それで大和屋以外の猿之助一門には掛けていいの？」
支配人「全役者への掛け声禁止です。」

この話には、続きがある。まあ予想通りの展開で、泣く子と強い役者には勝てない劇場主と劇場には弱い立場の大向う（劇場の出入証＝門鑑の発給権は劇場が保持）の自粛は当然だった。

演目……蓮絲恋慕曼荼羅《はちすのいとこいのまんだら》　六場
作者……森山治男　国立劇場四十周年記念歌舞伎脚本募集入選作
演出……石川耕士・坂東玉三郎共同演出
出演……坂東玉三郎、市川右近、笑三郎、段治郎、寿猿、春猿、猿弥、門之助
劇場……国立小劇場
時期……平成十九（二〇〇七）年三月九日（金）～二十五日（日）　十七日間二十公演

二例
平成二十（二〇〇八）年四月二十二日（水）　夜の部歌舞伎座の三階席六列三十八番席にて

今月は、歌舞伎座百二十年（初代歌舞伎座が東京市京橋区木挽町三丁目に新築開場したのが明治二十二（一八八九）年十一月現歌舞伎座と同じ場所）それから百二十年経過したという四月大歌舞伎と名付けての公演であり、夜は三つの演目が用意されてあった。

演目　一、『将軍江戸を去る』　二、『勧進帳』　三、『浮かれ心中』

夫々見所、役者の為所がある芝居であるが、特に夜の二番目『勧進帳』が人気であった。配役弁慶・仁左衛門、富樫・勘三郎、義経・玉三郎という異色の配役が客の興趣をより高めていた。弁慶役と富樫役は既に何回も、松嶋屋、中村屋によって演じられていたが、義経役の大和屋が珍しい配役であった。大和屋の義経の初演は、昭和六十三（一九八八）年であり、二十年振り二度目の義経という歌舞伎好きにとっては見逃せない一幕である。

大向うの面々は、この日は歌舞伎座の三階下手最左端の通称ドブと呼ばれる六列目、七列目、八列目に陣取っていた。今月はこの一劃及びその後方の下手三階席は見切り席となっており、一般客には発売されていないエリアであり、大向う指定席ともいうべき場所ともなっていた。何故見切り席があるのか、その理由は夜の部三番目の『浮かれ心中』である。この芝居のラストに中村屋の宙乗りがあり、三階席下手に宙乗り引き込みの為に、鳥屋（一階花道際から花道上方を通り三階席に至る宙乗りロープの到着点が黒幕で囲われ、仮設される小屋）が設けられる場所であり、宙乗りの引き込み時には客席として使用出来なくなる。それ故一般客に売れない席である。

宙乗り時以外の演目には、この臨時の鳥屋は必要無いため、この六から八列のドブ席十一席は黒幕に覆われず、只の空席となっている。これを劇場公認の大向うの会員が専用席として使用するのが、平成の宙乗り演目上演時の劇場及び大向う会員の通例となっており、宙乗り演目の多い「新橋演舞場」や、正月に復活狂言で宙乗り演目を採用することの多い「国立大劇場」も基本的に、歌舞伎座と同様の状況である。

四月二十二日（水）の『勧進帳』一カ月二十五回興行は、劇場にとって、役者にとって、重要な日であった。と言っても他の日は大事でないという意味ではなく、この日が上演演目の記録日になっていたからである。松竹関連会社として㈱伝統文化放送が、平成八（一九九六）年十二月に設立され、この組織が毎月の歌舞伎座上演演目の内、記録として重要な演目の記録を残す業務を担当している。後世に歌舞伎を、正しく伝えるべく、映像をビジュアルに、音響をクリーンに最高の技術で残すべく、記録予備日と記録本番日の二日に分けて、収録するシステムになっている。スカパーCH325の「歌舞伎チャンネル」で放映される仕組みとなっている。残念なことに、この放送は平成二十三（二〇一一）年三月三十一日にて放送終了になる。

四月二十二日の夜の部は、全演目が記録本番日であった。この記録日は、出演者は勿論、大向うの会員にも告知されているので、役者と大向う両者とも、モチベーションが高まる日でもあった。

『勧進帳』の開演前、歌舞伎座のN営業課員が三階下手ドブ席に突如現れる。やや緊張した面持ちで大向うの皆の顔を見まわしながら、次の連絡を口頭で行う。耳にした瞬間思わずのけ反らんばかりに驚愕したのは、私だけでは無かった。その驚きの台詞とは、「皆さん今日の『勧進帳』の大向う、義経には掛けないで下さい」。

連絡に来たのが、若い営業課員だからという訳ではない。その内容は誰が言いに来ようが、歌舞伎の関係者としては異常な状況としか表現出来ない意味合いを持っていたからである。弁慶の台詞を借りれば、「言語道断、かかる不祥のあるべきや」である。

いくら『勧進帳』が、弁慶中心の芝居とは言え、観客の立場から、大向うの立場から、義経だけに声を掛けないなどあり得ない話ではある。天下の歌舞伎座で、今や世界の歌舞伎座で、松嶋屋、中村屋の大名題役者と共演している芝居で、自分だけには、大向うは無用とリクエストする方もする方だ。しかし拒否出来ずに、そのまま代弁する劇場の姿勢には唖然としたが、劇場の管理下にある大向う会の会員としては、劇場の決定に否応言える状況ではなかった。

大向うの立場から存じよりを述べてみよう。

主演の役者が、大向うに声掛け不要の要求をすることは、あり得ない行為とは言えない。但し少なくとも、自分の役柄と同等或は自分より重い役柄の役者と共演していて、自分にだけは大向うを遠慮せよというのは、役者の我儘か傲慢ではないだろうか。歌舞伎の創成期から、歌舞伎に対する声援として、屋号、芸名、名跡数等が拍手の代わりに、観客から投げ掛けられていた歴史に対する全否定と受け止められても仕方ないであろう。『勧進帳』の中での義経の役の重みを大向うの回数から分析すると、一時間十五分の上演時間中の、掛け処は九箇所である。

義経への掛け処――九箇所

一、花道の出。長唄〽「これやこの」で管音鳴ってすぐ　**屋号**
二、花道七三の振り返りの見得の時　**屋号**
三、義経台詞「いかに弁慶　**屋号**　道々も申す如く
四、義経台詞「各々違背すべからず」　**屋号**
五、義経後見床から上手へ向う時　**屋号**
六、義経台詞「いかに弁慶　**屋号**　今日の機転……」
七、長唄詞章「判官　**屋号**　御手を取り給い」
八、義経の述懐が始まる前　**屋号**
九、幕切れ近く、義経花道へ駆け入る時　**屋号**

これに対し、弁慶は十七箇所、富樫は九箇所の掛け処があり、この演目の主役が弁慶であることが、大向うの観点からも明らかである。仕事や職業ではなく、趣味としての大向うとして

は、目くじら立てるは野暮というものだが、記憶にのこり、記録したい出来事であり敢えて記述した。

三例

平成二十（二〇〇八）年七月七日（月）朝十時三十五分昼の部開演前の歌舞伎座地下一階営業課カウンター。

今日は、七月歌舞伎の初日、大向う出勤簿を開いたまま、私は暫し立ちすくんでいた。劇場の門鑑を持っている大向う会の会員は、出勤簿に入場時に記帳をして、何月何日に大向うの為に入場したことを記録すキマリと通常なっている。出勤簿の書式や置き場所は劇場により異なるが、左側の立に会員氏名、横に月日を初日から千秋楽まで、記入欄は縦横一センチ前後なので、小文字で姓又は姓の先頭文字を自筆でサインする場合が多いが、人に依っては〇印を書く者もいるが、まあ自由勝手次第である。この出勤簿の表紙を開いた場所にワープロの拡大文字で注意書きが添付されていた。

「今月の夜の部は、声を掛けないで下さい」

昼の部については何も記されていないので、昼については、掛け声は許可に見えるが果たしてそうであろうか、昼夜演目・出演者を見てみよう。

昼の部
『義経千本桜』三幕
鳥居前…海老蔵、段治郎、春猿、権十郎
吉野山…海老蔵、玉三郎
川連法眼館…海老蔵、門之助、寿猿、玉三郎
夜の部
『夜叉ヶ池』一幕…玉三郎、海老蔵、歌六
『高野聖』一幕…玉三郎、海老蔵、歌六

昼の部『義経千本桜』の序幕を除いては、昼夜全幕に五代目坂東玉三郎は出演している。夜の部は、掛け声無用。昼の部で、どの様に声を掛けてほしいのであろうか。事実上の大向うの全面禁止である。中国清朝・同治帝に掛け声禁止を求めた京劇俳優程長庚の行動にも似た、歌舞伎役者の心意気とも言えよう。

以上、大向うに関わる歴史、実状について記述してきたが、アウトラインをご理解いただけると考えこれで総論としたい。大向うの技術的な手法・実技については、各論で述べることとする。総論の終りにあたって、筆者の感想を芝居台詞にて表現することとする。何分、個人の作業であるので、見落としや独断もあり、異論もあるに違いない。ご批判賜れば幸いである。

結びに即ち。

沙翁作『ハムレット』の最終幕五幕二場に、ハムレット最後の台詞がある。当戯曲の坪内逍遥訳『ハムレット』(昭和八年九月中央公論社発行・新修シェークスピア全集第27巻)の訳文では、「餘《よ》は空寂《くうじゃく》」。これを借りて総論の結びとする。原文は〝…the rest is silence.〟

(総論了)

# 各論

総論で、大向うの意味、歴史、成り立ち、江戸時代の都市構成と歌舞伎、江戸の歌舞伎役者の位置、江戸三座（四座）、屋号の由来、見得の種類等に触れた。それに加えて我が国の歌舞伎に似た中国の歌舞伎とも言われる京劇の歴史、京劇役者、京劇の掛け声、脚本などについて歌舞伎との対比で説明をした。

ここ各論では、歌舞伎大向うの実技の立場から、どの様な基本姿勢で大向うを行なうか、何が大事か、何を為すべきか、具体的な一つの案内書として、今まで世に示されてこなかった大向う実技者としての大向うの考え方と行動規範を示すこととした。

平成二十二（二〇一〇）年五月歌舞伎座の建て替えによる休場まで、昭和から平成まで多くの演劇書が出版されたが、歌舞伎大向うに関する部分的な或は一項目的な記述しか文書として存在していない。それ以前、江戸から明治大正そして昭和二十六年の第四期歌舞伎座開場（今回建て直しになる）に至る迄も、大向うに関する記述は断片的に記録されているに過ぎない。

大向うは伝統芸能ではなく、歌舞伎観客の一部の愛好者の声援が、其軸となった特殊技術である。故に、個人プレイによる掛け声という発声技術に留まらざるを得ない宿命を持っているようである。従って、体系的な訓練やその基礎となる学習書や稽古書（マニュアル）は存在していない。少なくとも、巷間には見受けられない。口伝による、大向うの技術や注意事項が、非体系的そして属人的に存在しているに過ぎないのが、江戸以来平成の二十一世紀現在までの実状である。

この各論は、「歌舞伎大向う」の実技・実践という立場から記されており、大向うを志す方や大向うに興味を持たれる方に対する『細見』即ちガイドブックとして、記述編纂したものである。

言換えれば、群盲象を撫するに似た「歌舞伎大向う」に対する世間に向けて、平成の大向うの実技者の一人として、自身の研究を記したと、ご理解賜りたい。大向うは感性第一の世界であり、データや資料など必要ないという昭和から平成初期に引き継がれた風潮や、記録伝承を無視し続けてきた先人に対する筆者の反対運動でもある。

敢えて、既存の歌舞伎文化に挑戦し続けた三代目市川猿之助と猿之助劇団の芝居を、愛し続けた筆者の讃歌である。観客席からの参加から醸成し得た美酒と自負している。

## 一、歌舞伎大向うの基本姿勢（守るべき十則）

（一）役者に対する誠実な応援が基本である。

大向うである自分に対する応援ではない。役者の演技を助けるのが大向うである。――演技している役者が気持よくなるような掛け声を掛けるのが正しい大向う、すなわち掛けている自分が気持よければ良いのだという様な自己陶酔的な掛け方は慎むべきである。

（二）主役は舞台上の演技をしている役者である。

観客席にいる大向うは決して役者と同等ではない。時に、あまりにも過多な大向うを掛ける場合も見受けられる。役者の台詞にいちいち相の手を入れるような大向うを掛ける者もいる。過ぎたるは及ばざるが如しとはよく言ったもので、過剰に掛ける相三味線の如き大向うは聞き苦しい限りである。

（三）目立たせるのは役者であり、大向うが目立ってはいけない。

ここらあたりが大向うにとって難しい難所であろう。大向うの行為自体が目立つものであるし、どうしても自己陶酔に陥り易い行為でもある。従って歯止めが効かなくなり、暴走する危険性を持っている人が現われることもある。

（四）台詞に掛け声が被ったり、仕草の効果を減ずる大向うは芝居の邪魔である。

観客の考える掛け声の入れ場所と役者の期待する声の入れ場所は必ずしも同じだと限らない。これは、芝居により、同一の芝居であっても、演ずる役者に依って異なると言っても過言ではない。芝居・役者に応じて、声を掛ける側が工夫しなければならない課題でもあろう。

（五）大向うは黒子《くろこ》ではないが、服装・所持品は華美や奇異なものであってはいけない。

大向うは観客の注目を受ける立場にある。異様、異風、華美な服装は避けるのが、常識というものであろう。仮に何か劇場の中で、トラブルに巻き込まれた場合に、普通でない身なりは、それ自体が非難や攻撃のマトになる危険性を内包していると知るべきである。余談ではあるが、大向う中にトレーニングシャツ・パンツ姿を押しとうしていた者が、ある大向うの会から除名された実例がある。

（六）役者の台詞の声調や音程の高低に、かけ離れた掛け声は絶対に禁物である。

調和ということが大切である。歌舞伎は全体として音楽劇の要素が強い。従って観客席からの声援もその場面に適合した声調や音程を考慮した方が良い。別の表現で言えば、バランス感覚即ち調和をとる（ハーモニー）ということになる。芝居の邪魔にならない掛け声は、その芝居の場面の雰囲気を意識しながら投げ掛けることである。

（七）歌舞伎の音曲の風合い、表現に合わない、調子が違和感のある掛け声は避ける。

前項と同じ理由である。自然な流れに逆らわない大向うであれば、芝居のスパイスになる。音曲の表現している喜怒哀楽の音色に完全に掛け声を合せることは、至難の業であるが、少なくとも指し示す方向に努力する発声であるべきであろう。無感情な一本調子な大向うは、機械が出す音声と等しい。

（八）緩急をつける即ち楽しい場面は楽しく、悲しい場面は悲しく掛ける。

ただ屋号を叫んでいれば良いというものではない。真面目にその芝居その場面に対する感情移入というものがなければ、単なる吸鳴屋でしかない。

（九）過ぎたるは及ばざるが如し。回数多く掛けるのが、良い大向うではない。

大向うと役者が、声の掛け合いになるような掛け方は避けること。観客は役者の台詞を聴きに来ているのであって、大向うの掛け声を聴きに来ているわけでは無い。ここの処を勘違いしている掛け方をしている者が時々表われる。教えない者が悪いのか、習おうとしない者が悪いのか、「前進」の一語を知らない者は何時、如何なる場所でも悲惨としか言いようがない。

（十）役者に対する愛情・共感・感謝を持たない掛け声は只の雑音である。
声を掛ける基本はこの一語に尽きる。思いは必ず声調に現われると知るべきである。

## 二、大向うの大事な役割（心すべき三則）

（一）芝居中での役者の芝居に対する演技・情熱を賞賛すること。
当然のことではあるが、賞賛するに足りる役者に対して声を掛けるのが当然である。ここが入れ場所・声の掛け処というだけで、大向うをするようなことは避けるべきである。感激も共感もなしに、声を掛けるということ自体が、如何なる意味合いを持つか言うまでもあるまい。

（二）役者の名前を呼ばわること。屋号が中心であり、変則的に芸名、名跡数、住所等。
例外として、祝意を示したり、期待感を現わす掛け声もある。襲名や役者の誕生日に掛ける「オメデトウ！」やいい場面での「待ってました！」などがそれである。屋号が中心であるが、同一場面に師匠筋や師匠の御曹司が登場している一門の同一屋号は遠慮して屋号ではなく、芸名を掛けるべきであろう。特に猿之助一門、菊五郎一門の場合、弟子筋は芸名を用いるのが良い。

（三）観客に拍手のキッカケを与える掛け声をすること。

大向うは観客の拍手を上手に誘導する役割が実は大きい。最初に声を出す困難さもさることながら、最初に拍手を始める難かしさも相当なものである。何時、如何なる場面で拍手をするか、迷っている観客も多い。「ここぞという場面ですよ、良い台詞なんですよ」と観客に教える役割もある。拍手を呼び出すキッカケとなる様な掛け声が望ましい。

## 三、大向うの七つ道具……劇場へ持参する道具

大向うは、基本的に左程持ち物を必要としないが、大向うを正しく行う為に、劇場へ所持していった方が良い道具が七つある。弁慶の七つ道具に擬えて以下述べてみよう。

（一）筋書き、台本、配役に関する資料

どの様な芝居であるか、芝居の内容や進行がどうなっているか、当月の配役はどうなのかを開幕前に確認するのは最低条件である。その為の確認資料に目を通す努力を惜しんではならない。特に配役を確認する労を省くようなことはあってはならない。病気等による代役の起用などの場内放送や劇場内の配役変更の掲示は、最も気を使わねばならない情報である。

(二) 単眼鏡或は薄型双眼鏡

所謂オペラグラスの倍率の低い三倍から五倍程度では広い劇場では役に立たないと心得るべきである。単眼鏡で八倍から二十倍、薄型双眼鏡で八倍から十倍の国産の製品が形状的にも実用的にも手頃である。使用目的がバードウオッチングや天体観測ではないので、あまりの高倍率や大型の機材は観客席からの使用には不適と考えるのが常識であろう。

(三) ペンライト若しくは超小型懐中電灯

上演中特に客席が暗転している時に、手元の資料を確認する為に点灯することは慎むべき行為である。が、どうしても必要な場合の用具として、小型の照明機材が必要になることがある。上演中の配役や状況を確認するには、明かりを出来得る限り、周囲に漏れない様に覆い隠し、又は足元に下げて使用する配慮をしなければならない。

(四) メモ用紙と筆記具

大向う中に気がついた事項を書き留める道具を持参していると便利である。携帯性を考えて、定番の手帳にサイズが合致する5×3サイズのメモ用紙も使い易い。筆記具もインク切れや不具合のアクシデントに対処する為、多色ボールペンか多機能ペンが適していよう。

（五）イルミネイト腕時計

大向う中に時として、現在時刻を知りたくなることがある。只の時間では無く、開演からの経過時間や、芝居の残存時間であるとか、人により、状況により様々な目的があるのは当然である。ただし客席が暗転している芝居の場合、ペンライトや小型懐中電灯があっても、点灯するのは周囲に対して非礼にもなる。イルミネイト機能を持つ腕時計ならば、一押し又は小さく腕を振ることにより、時間確認は容易である。

（六）ノド飴又は咳止め飴と飲料

大向うは、咽喉に負担がかかる。休憩時間の咽喉に対するメンテナンスとして、飴とペットボトル飲料は携帯必需品であろう。各種飲料は劇場内で入手は容易であるが、自分の咽喉に合った飴類は入手は困難と考えて持参した方が間違いない。

（七）身分証明或は名刺

当人が何者であるか証明が必要になる場合が、社会生活をしている以上必要になることがある。観劇という趣味の世界であっても、自己主張の一要因であっても、「自分はこういう者です」という何らかのツールとして個人名刺……氏名と住所、電話番号は最低限の記入事項……の携帯は不可欠である。

## 四、大向うの衣装

清潔感ある身なりであること。当然のことだが、奇抜な衣装やアクセサリー、携帯品は周囲の誤解や反感を招く可能性があるので避けるべきであろう。自己顕示欲の強い者は、ともすると派手な身なり風体で顰蹙を、周辺観客から買う危険性がある。

## 五、大向うに関する書簡の遣り取り

大向うの要件に関して筆者と観客との間で交わされた書簡がある。参考までに以下二件記載する。

### (一) 筆者から観客への書簡

面談時に説明仕切れなかった説明を後日文書で行ったもの。筆者から質問者に返信した手紙の全文（手紙相手先…NHKアート勤務　堤氏。同氏は大学生時代美術専攻傍ら歌舞伎の愛好者で卒業就職以前から筆者と国立劇場内で知り合った仲）

「昨四月十四日（日）演舞場にてお目にかかり大向うについて質問を受けましたが、立ち話では、また周辺に大勢の人が居ることとて、殆ど回答を出来ませんでした。いつも小生の大向うを熱心にお聞き下さっていること。そして、堤さんご自身大向にトライしていることを踏まえてお尋ねの要点に従って記してみます。三つの項目にして記述します」

## ① 大向うの要件

1. 日常の生活、仕事が安定していること。
2. 都内と限りませんが、居住地から歌舞伎座、国立劇場へ交通の便がよいこと。
3. 月何回という回数基準はケースバイケースですが、少なくとも一劇場に週二回月に六~七回は、大向うに通えること。
4. 身なり、風体キチンとしたスタイル（衣装・持ち物・髪形）で出向けること。
5. 役者が掛け声を聞いて（当然観客も）不快な声調になってないこと。
6. 礼儀・作法等の基本的マナーの欠如していない人間であること。
7. 大向うになって、木戸御免で入場料無しで、芝居小屋に入りたいと言うような貧しい発想の人間でないこと。

## ② 誰から大向うを学ぶのか

これが実は一番難しいことなのです。大向うについては、学校も専門校もお稽古所も存在していません。更に大向うに関する教本・マニュアル・テキスト類も無い世界です。

江戸時代から始まって、明治・大正・昭和・平成と歌舞伎に付き物の大向うが、こんなにもデータが無いものだと信じられないほどです。大向うは、旦那芸とも言われただけあって、旦那衆は細かい記録やご自分の手法披露はお好きでないのかも知れません。また只、声を張り上げるのが好きな輩に文章にして記録を残して欲しいと思っても元々無理な要求なのでしょう。

閑話休題。

自学自習で行くかそれとも先生を見つけるかの二つの方法しかないでしょう。いずれも問題があります。自学自習だけでは上手くならないでしょう。劇場で掛け声をかけている大部分の人は自学自習派です。従って大部分の大向うは下手といって差しつかえない状態です。これは、小生の判断で絶対の評価ではありませんが。

では何が大事か、それは「自分自身の先生を見つける」これが極め手のようです。

## ③ どの様な先生を選ぶのか

理想を言えば、「君の大向うは下手だ。こういう点を直さないといけない」とハッキリとコーチしてくれる先生を見つけること。そんな先生がすぐ見つけられるか、弟子にして貰えるか。それが問題であるのは言うまでもないのですが、黙っていて天から降って来る筈はないのです。教えを乞うことが困難ならば、観てそして聴いて覚える以外に良い方法は無いでしょう。但し、この場合非常なリスクを伴うと言うことです。観、聴きして覚えると言うことは、換言すれば、芸或は技術を盗むと言うことであります。若し貴方が選んだ先生が技能熟達の人で無かったら、如何でしょう？　一流の技能者で無く、二流三流であったら、どうなると思いますか。多言は必要ありませんでしょう。

更に勝手に誰かを手本にすると決心するのは良いとしても、どうやってその先生の大向うの実践の場に同席出来るのでしょう。先生の劇場に来る日時と、貴方が同じ日にその同じ劇場に行く日時が合致する頻度を考えてみて下さい。月に一度や両月に一度では到底芸を盗むなどとは程遠いのは申し上げるまでもないでしょう。否定的な意見ばかりで残念なのですが、大向うが学問ではなく、発声を伴うある種の技能である以上、自学自習だけでは限界があること。個人的なコーチが必要なことは強調しておきます。以上、貴君の大向うに関する質問に私見を述べさせて頂きました。末尾のお願いが一つあります。この文章は貴君と小生の間の私文書ですので、第三者に見せたりインターネットで流されませぬように願い上げておきます。

二〇一三・四・十五　中條嘉昭

## （二）観客から、筆者への書簡

劇場で休憩時間や終演後に、大向うを行っていた小生に観客の方から話掛けられたり、質問されたりすることも多い。新橋演舞場では毎年春先二箇月に渡り、猿之助劇団のスーパー歌舞伎が上演されるのがお定まりとなっていた。二十世紀から二十一世紀にかけて、新・三国志シリーズのⅠ、Ⅱ、Ⅲと大人気となった演目が続いた。主演三代目猿之助の主役も、Ⅰ、関羽雲長、

Ⅱ、諸葛孔明、Ⅲ、夏候王淩とファンを狂喜乱舞させる大熱演であった。更に、歌舞伎と京劇のコラボ作として中国より京劇の団員三十数名を招き日中共演としても画期的な興行でもあった。この時期に知遇を得た方でお付き合いをさせて頂いている教育者がいる。『子ども家庭教育フォーラム』と言う組織を経営されている富田富士也代表である。彼の文章中に大向うの本質をついた一文がある。富田先生から平成二十二年初春に頂いたお便りを披露して置きたい。

文の後半……「それにしても、中條さんの大向うは、たくさんの大向うが掛かっている中でも一瞬で判別できるほど印象的です。私が言うのもおこがましいですが、中條さんの声は、役者さんの発声に近いというか、**『舞台の一部』**のように感じられて、とても嬉しい気分になります。体調の方がとても心配で、くれぐれも無理をなさらないで欲しいのですが、今年またどこかの劇場でお会いしたいと思っています。四月の演舞場では澤瀉屋さんの『四谷怪談忠臣蔵』が上演されますね」以上、原文のまま。

## 六、歌舞伎演目の八分類と夫々の芝居への掛け声

歌舞伎の演目をグループ化すると、次の八つに分けられる。すなわち、掛け声も大きく分類してみると夫々異なるべきである。（この八分類は、筆者の判断によるもので、私家版というものである。また、夫々の掛け声についても、筆者が実践している手法によるもので、これら

が、過去または現存の個人や組織によって発表されたり、認証されたものではない）

① **歌舞伎十八番**

市川團十郎家に伝わる得意演目を十八種、七代目團十郎が選定したもので、お家芸とされている。『勧進帳』『暫』『毛抜』『助六』『鳴神』『矢の根』など。

掛け声は、大音声《だいおんじょう》（**闇がぴりぴりと震えるほどの、素晴らしく轟きわたる声**）で、陽気に張った声調が基本。

② **時代物**

江戸庶民の視点から観て遠い時代、朝廷・将軍・大名・武家の事件をテーマにした演目。『菅原伝授手習鑑』『義経千本桜』『仮名手本忠臣蔵』『先代萩』『蘭平物狂』など。

掛け声は、大声《おおごえ》（**大音《だいおん》肚の底から飛び出してくる声音《せいおん》**）で、格調ある声調が基本。

③ **時代世話物**

時代物の形を取りながら、江戸庶民の風俗・心情を描いたものであり、時代物風の誇張された様式や表現の演目。『平家女護島』『傾城反魂香』『嫗山姥』『葛の葉』など掛け声は、中位の声（**時代物より音量を下げ凛々《りんりん》たる音**）で、台詞の間に素早く。

④ **世話物**

江戸庶民生活を描いた演目で、江戸時代の現代劇。『夏祭浪花鑑』『与話情浮名横櫛』など掛け声は、中音の声で、台詞の間に素早く、張らず伸ばさずに。

⑤ **生世話物**

世話物の中で、特に写実的な内容でそれに合致した演出・演技から構成されており、鶴屋南北が完成した演目。『十六夜清心』『三人吉三』『縮屋新助』など掛け声は、世話物と基本的に同じ。

⑥ **舞踊（所作事）**

歌舞伎の中で、所作事は華である。曲数も多く、昭和五十（一九七五）年初版の『日本舞踊曲集覧』（邦楽社）には、七七二曲が収められている。音曲も、長唄・清元・常磐津・義太夫・掛合物・箏曲・地唄・うた沢・新内・小唄・俗曲と多岐にわたる。

長唄『京鹿子娘道成寺』、清元『三社祭』、常磐津『忍夜恋曲者』、義太夫『本朝二十四孝狐火の段』、掛合物『素襖落』等が歌舞伎でよく上演される。

掛け声は、低声（大きくなく、声を張らず伸ばさず落ち着いて）で、特に出（花道、袖、セリ、スッポン、板付き）と入りは掛ける。口説きと言われる踊りの中心部分の開始前も掛け処であり、特に幕切れ時、付け打ちの入るところは絶対の掛けところ。

⑦　**新歌舞伎**

明治から昭和にかけて、歌舞伎戯作者でない作家が歌舞伎の様式を取り入れて書いた歌舞伎台本。坪内逍遥『沓手鳥孤城落月』、岡本綺堂『鳥辺山心中』、長谷川伸『一本刀土俵入』、真山青果『元禄忠臣蔵』、宇野信夫『じいさんばあさん』など。掛け声は、基本的に会話劇に観客席から声を挿む事に留意し、中音又は低音の声で素早く掛ける。台詞には絶対被らぬように。役者の入退場とキメ台詞が中心。

⑧　**スーパー歌舞伎**

三代目市川猿之助が創案開発した新しい歌舞伎。宙乗り・早変わりの技法を取り入れる傍ら、オーケストラ音楽や中国京劇まで取り入れたダイナミックな作りで、多くの若いファンを創り出した。昭和六十一（一九八六）年スーパー歌舞伎第一弾『ヤマトタケル』以後『リュウオー』『オオクニヌシ』『オグリ』『八犬伝』『カグヤ』『新・三国志Ⅰ～Ⅲ』と全九作品（最終作『新・三国志Ⅲ　完結編』平成十五（二〇〇三）年）の新しいジャンルを発展させた。

掛け声は、スーパー歌舞伎構成の3S即ちストーリー、スピード、スペクタクルに合致し、素早い大音声で、明瞭な発声が不可欠である。しかも台詞に込められた脚本と役者の情感に応えた大向うであること。余談ではあるが、九作品以降のスーパー作品には、三代目猿之助は演出にまわり、演技者としては参加していない。

## 七、大向うデータベース

〝芝居の進行に合せて、掛け声の入れ方をデータベース化〟

### 1. 歌舞伎十八番『勧進帳』一幕一場

上演　平成十二（二〇〇〇）年一月二日（日）～二十七日（木）
東京・新橋演舞場　十一代目市川團十郎三十五年祭
上演時間12時20分～13時35分　一時間十五分
配役　武蔵坊弁慶（十二代目市川團十郎）、源義経（五代目坂東八十助後に十代目坂東三津五郎）、富樫左衛門（七代目尾上菊五郎）、常陸坊海尊（六代目片岡芦燕）、

亀井六郎（八代目大谷友右衛門）、片岡八郎（十七代目市村家橘）、駿河次郎（三代目市川右之助）

台本　平成十二年一月の新橋演舞場『勧進帳』用の台本は残存されていない。参考台本として、岩波文庫『勧進帳』（一九八八年二月・第四刷発行、校訂者・守随憲治）を本書では使用。

初演　天保十一（一八四〇）年三月、江戸・河原崎座、五代目市川海老蔵（後の七代目市川團十郎）の弁慶、八代目市川團十郎の義経、三代目市川九蔵後の六代目市川團蔵の富樫の配役。

作者　三代目並木五瓶、長唄作曲四代目杵屋六三郎、振付四代目西川扇蔵。

開幕

第一声　『勧進帳』は「松羽目物」と呼ばれ、能や狂言を模した舞台となっている。正面背景には大きな老松、両脇には竹の絵柄がある。上手には臆病口という小さい出入口、下手揚幕は、白・青・赤・黄・黒の五色を縦に右から並べた鮮やかな幕。富樫左衛門が、下手五色幕より出て来る。ここで掛け声**「音羽屋！」**五色幕巻き上がった瞬間でも良いが、富樫の全身が舞台に出て歩み出してからでも良い。

第二声　富樫の名乗り「斯様に候ふ者は、加賀の国の住人、富樫左衛門にて候」と名乗り終わった時に間を置かずに**「音羽屋！」**

第三声　番卒三人に富樫の申し渡しの最後「鎌倉殿の御心安んじ申すべし。方々、きっと」ここで**「音羽屋！」**この後に「番頭仕れ《ばんとうつかまつ》」の富樫の台詞に続くので素早く掛け声を入れる。

第四声　長唄になり、旅の衣は……月の都を立ち出でて、花道へ義経が次の長唄　これやこの、ここで揚幕から登場するので**「大和屋！」**と入れる。

第五声　長唄は尚続き、「行くも帰るも別れては、知るも知らぬも、逢坂の」ここで義経は花道の揚幕の方を見返る。**「大和屋！」**と振り返りの見得に掛ける。

第六声　この長唄が続く間に亀井六郎、片岡八郎、駿河次郎。常陸坊海尊が次々出て来、一番後から武蔵坊弁慶が出て来る。弁慶は長唄の終り近くに出て来るので、長唄〽「海津の浦」で、**「成田屋！」**と入れる。

第七声　義経主従花道に揃ったところで、義経の台詞「いかに弁慶」と語り始めたところで、**「大**

詞が続く。

**和屋！」**と掛ける。この後義経の「道々も申す如く、行く先々に関所あっては云々」と長い台

第八声　弁慶の最初の長台詞「ヤアレ暫く、御待ち候へ……なかく人は思いもより申すまじ。はるか後より御出であろうずるにて候」

義経「とにもかくにも、弁慶よきに計らひ候へ。各々違背すべからず」ここで**「大和屋！」**と大向う。

第九声　義経一向が本舞台へ来た後で、富樫と弁慶の問答となる。

富樫「近頃殊勝には候へども、この新関は山伏たる者に限り、堅く通路なり難し」

弁慶「コハ心得ぬ事どもかな。して、その趣意は」

富樫「さん候」正面向きになる。ここで素早く**「音羽屋！」**と掛ける。

第十声「ノット」と呼ばれる祈りの場になる。祈り開始の前に掛ける。

弁慶「言語道断、かかる不祥のあるべきや。この上は力及ばず。さらば最後の勤めをなし、尋常に誅せられうずるにて候。方々近う渡り候へ」

四人「心得て候」

弁慶「いで〱、最後の勤めをなさん」と言い切ったところに**「成田屋！」**で良い。
この後、弁慶真ん中に左右二人づつわかれ、ノットとなる。

第十一声　勧進帳を弁慶が読み上げの場面となる。
弁慶「それつら〱惟《おも》ん見れば」富樫は巻物の文面を覗き込むように身を乗り出す。と、弁慶と視線が合いとっさに正面に向き直る。巻物に心を残す見得。ここで**「音羽屋！」**と掛ける。
第十二声　弁慶もハッと巻物を身体の蔭に隠し、右足を強く踏んだ見得で極まる。
ここで**「成田屋！」**と入れる。第十一声と第十二声は、富樫と弁慶ふたりが見合った天地の見得に対する掛け声。

第十三声　弁慶勧進帳を高らかに読み上げる
弁慶「大恩教主の秋の月は、……帰命稽首、敬って白す」長唄「天も響けと読みあげたり」ここで弁慶は不動の見得。**「成田屋！」**と大きく引っ張って掛ける。

第十四声　この後は、富樫の十三の質問に弁慶が即座に答える山伏問答の件となる。
最高の切迫部分であるので、この問答の途中では、大向うは掛けるべきでは無い。

富樫と弁慶の流れるような台詞の応酬の流れを遮ることは、心ある大向うなら避けるのが当然であろう。その十三番目の弁慶の回答は九字の真言の説明で、勧進帳の台詞の中で、最長の長さである。

弁慶「九字は大事の神秘にして、語り難き事なれども、疑念の晴らさんその為に、説き聞かせ申すべし。……大日本の神祇諸佛菩薩も照覧あれ。百拝稽首、かしこみかしこみ謹んで申すと云々、かくの通り」ここで、弁慶は元禄見得、左足を踏み出し、数珠を持つ左手を前に、巻物の右手を右上へ伸ばした市川流の見得である。

ツケ打ちはないので、注意すること。ここの大向うは、**「成田屋！」**一本である。

**第十五声**　疑念を晴らした富樫は、東大寺勧進の布施物を弁慶に渡す。嵩高の品々袴地や加賀絹は帰途に寄るからと弁慶は預け、袋入りの砂金包の二個を受け取り出立つする。残った品々は番卒らが片付ける。

長唄〽「こは嬉しやと山伏も、しづ〳〵立って歩まれけり」弁慶と四人は花道にかかる。後から行く義経を見た番卒の一人富樫に囁く。富樫立ちあがり舞台中央へ進む。

富樫「いかに、それなる強力。止まれとこそ」と「呼び止め」の場面と成る。ここで**「音羽屋！」**

第十六声　花道から急いで舞台に駆け戻った弁慶は。右足をトンと踏む。ここで**「成田屋!」**と鋭く早く掛ける。この後に、「杖折檻《せっかん》」の場面と成って行く。この場面で掛け声は無用である。

第十七声　弁慶側と富樫側のクライマックス「寄せ」の場面では、掛け声の回数は必要ではない。双方を留めた弁慶は中央で杖を突き、数珠を左手首に巻きつけた形で見得、そこで**「成田屋!」**と入れる。次の台詞になる。

弁慶「まだこの上にも御疑ひの候はば、この強力めを……打ち殺し申さんや」

第十八声　富樫から疑い晴れた通行して良いとの言葉を引き出した弁慶の台詞。

弁慶「大檀那《だいだんな》の仰せなくんば、打殺いて捨てんずもの、命冥加に叶いし奴、以後はきっと(右手で持上げていた杖を緩め、トンと下に落としたその瞬間に)

**「成田屋!」**

第十九声　富樫は身なりを整え、正面になる。番卒達は元の座に控える。

富樫「我はこれより、猶《なお》も厳しく警固の役、方々来たれ」

番卒皆「ハアア」富樫は上手を向き、溢れる涙を抑えるべく、サッと顔を仰向けるが、ここで**「音羽屋!」**(泣き上げの瞬間に)このあと富樫は上手臆病口に入る。

第二十声～第二十四声　義経後見床から上手へ向かう。ここで**「大和屋！」**。これから、四天王は一人ずつ立ち上がり、上手に歩み正面を向いて舞台後方に控える。四天王が立ち上がった時に順次屋号を掛ける。歩み出してからでも良いが、掛け時は統一すること、或る者は立ち上がった時、又或る者は歩み出しの時ではバラバラの感じになってしまう。四天王の役の軽重は、大向う上は同じであるので、掛け声の声音・声量は同質・同等と四人全員に掛ける。

順番一　常陸坊海尊　（片岡芦燕）　**「松嶋《まつしま》屋！」**
順番二　駿河　次郎　（市川右之助）　**「高嶋《たかしま》屋！」**
順番三　片岡　八郎　（市村家橘）　**「橘《たちばな》屋！」**
順番四　亀井　六郎　（大谷友右衛門）　**「明石《あかし》屋！」**

第二十五声　四天王の移動着座の後、弁慶が下手寄りで義経に向かい平伏する。義経の台詞が始まる。
義経「如何に弁慶」ここで**「大和屋！」**義経の台詞は続く「今日の機転、所詮凡慮の及ぶ所にあらず。……弓矢正八幡の冥助と思へば、忝く思ふぞや」

第二十六声　勧進帳の芝居の中で、掛け声「待ってました！」をいれる所がある。
一つの芝居の中で、「待ってました！」を掛ける箇所は、一箇所限りと心得るべきであろう。開幕後の弁慶の花道への出、或は幕外での振っての花道引き込みのいずれも、私は掛けたいという素人の観客が時々現れるのも事実である。間違っていると断定するのは酷かも知れないが、この芝居での掛けどころではない。

　しかし何故、勧進帳の中では、ここなのか。それは、勧進帳が音楽劇の一大傑作であり、長唄があっての芝居であるからである。その長唄の立唄に対する賞賛と期待を込めて、次の弁慶の台詞後に、掛ける箇所がある。即ち。

弁慶「それ、世は末世《まつせ》に及ぶといへども、日月いまだ地に落ち給はず。御高運、ハハ有難し有難し。計略とは申しながら、正《まさ》しき主君を打擲《ちょうちゃく》、天罰そら恐ろしく、千鈞《せんきん》をも上ぐるそれがし、腕も痺《しび》るる如く覚え候。アラ勿体《もったい》なや勿体《もったい》なや」

　この弁慶の台詞後に、チョン〳〵と二丁柝《にちょうぎ》が入る。そこで**「待ってました！」**床《ゆか》（浄瑠璃の太夫、三味線が演奏する場所）や邦楽連中の演奏を始めるきっかけに、打つ柝が「二丁柝」である。これから長唄の最高の聞かせ場となる運びとなる。

当然、掛け声は次に始まる長唄の立唄《たてうた》に対してである。

長唄〽「つひに泣かぬ弁慶も、一期《いちご》の涙ぞ殊勝《しゅしょう》なる」

この「待ってました！」の所で、弁慶役者の屋号を掛ける大向うもいる。

立唄に掛けるということを教えられていない者や知らない者、声量・声質が「待ってました！」を発声するに適していない者、皆が弁慶に掛けているのでそれに倣っている者、様々である。が、解釈として、長唄半分、弁慶半分という説を立てる向きもあるので、役者屋号も掛けても間違いではないとも言えよう。注意すべきは、

「待ってました、成田屋！」では決してないこと。

「待ってました。長唄立唄！」が先にあって、その後、長唄に合せて弁慶の振りを期待してるよ。**「成田屋！」**と来るのがここの眼目である。大向うの力量・キャリアが、どれだけ『勧進帳』を理解し表現しているか、判断出来る箇所でもある。

**第二十七声**　続いての長唄の立唄《たてうた》（立《たて》とは、唄・三味線・囃子の第一席に坐る者。立唄は唄の演奏の主役）の聞かせ処となる。

長唄〽「判官《ほうがん》御手を取り給ひ」とくるが、《ほうがん》を言い切り、《御手》の前に、**「大和屋！」**を掛ける。義経は、ここで右手を差し伸べ弁慶をねぎらうこなしをするところである。静な場面であるので、大声は避ける。

**第二十八声**　弁慶は下手へ飛びさがり、平伏する。四天王は皆、手を目に当てて泣く。義経も涙を抑え、正面を向いて、台詞に入る。述懐が始まる前に掛ける。

**「大和屋！」**静かな場面であるので、大声や伸ばす声調の掛け声は避ける。

義経「如何なればこそ義経は、弓馬の家に生まれ来て、命を兄頼朝に奉り、屍《かばね》を西海の浪に沈め」

第二十九声　「……屍を西海の浪に沈め」の述懐に続いて、弁慶の台詞が直ぐ始まる。

弁慶「山野海岸に起き臥《ふ》し明かす武士《もののふ》の」ここで**「成田屋！」**と入れる。これから、弁慶は正面を向き、長唄で物語るような振りとなる。

第三十声　平家追討の戦いを長唄は、延々と語る。これに合せて弁慶の振り。

長唄〽「鎧にそひし袖枕、かたしく暇《ひま》も波の上、或る時は舟に浮び、風波に身を任せ、又或る時は山背《さんせき》の、馬蹄《ばてい》も見えぬ雪の中に、海少しあり夕波の、立ちくる音や須磨明石《すまあかし》」この明石《あかし》のところで、弁慶は右足を踏み出し、右手を大きく振り上げ拳を開く、**石投げの見得**となる。勧進帳で**本舞台でツケが入る唯一**の箇所である。長唄でいえば、全曲のなかでここ一箇所のツケが打たれる局面である。ここで**「成田屋！」**と大音で掛ける。

第三十一声　弁慶先に皆々行きかかる。下手より富樫酒の用意を番卒たちにさせ、富樫「のう〳〵客僧達暫し〳〵」声に掛けず、富樫が舞台に出て来てから、**「音羽屋！」**と静かに掛ける。

第三十二声　番卒相手に杯事。終に葛桶《かつらおけ》の蓋に酒を残らず注ぎ飲み干す。頭上に空になった蓋を頂く形で、弁慶思い入れ。そこで**「成田屋！」**次に長唄となる。

第三十三声　弁慶は、富樫の方へ向きを変えて、呼び掛ける。
弁慶「先達《せんだち》、お酌《しゃく》に参って候」
富樫「先達一《ひと》差《さ》し御《おん》舞ひ候へ」これを受けて、弁慶は次の謡に入るが、原典は能楽『翁』の三日目の一部、或は『法華経』の経文からと諸説ある。
弁慶「萬歳《ばんぜい》ましませ、萬歳ましませ、巌《いはほ》の上、亀は棲むなり、ありうどんどう」ト『延年《えんねん》の舞』になる。ここで**「成田屋！」**と大音で掛ける

第三十四声　**『延年の舞』**は、全四段から成っている。達拝《たっぱい》（能や狂言の動作の一、顔の前で両手の拳を合わすようにする）頭の舞、三弦《さんげん》（三味線）入の舞、二段目の舞、三段目の舞の四段である。各段の舞始め・舞納めに大向うの掛けどころはあるが、問答の件りと同じく、掛け声が踊りの邪魔になる危険性もある。掛けるも大向う、掛けぬも大向うである。弁慶三段目の振りの内、皆々に行けという手の合図をする。これで、義経先頭に、四天王ついて向うに入る。義経が花道に足を踏み入れた時に、**「大和屋！」**と掛ける。

第三十五声　弁慶笈《おい》を背負い、金剛杖を手に、富樫に一礼、花道際へ行く。本舞台富樫、番卒達、見送りの形で弁慶を見やる。幕が引かれ始めた時、**「音羽屋！」**

第三十六声　弁慶は金剛杖をトンと突く。そこで木の頭《かしら》**「成田屋！」**幕は引かれ、弁慶は幕外《まくそと》となる。

第三十七声　花道の奥を遠く、義経を見やった弁慶は、左四十五度に身を向げる。客席に向かって深々と頭を下げた時**「成田屋！」**

第三十八声　弁慶は花道で揚幕に正対する位置に身を戻す。弁慶は杖を左に抱え、右手で胸を打つ。ここでツケの打ち上げとなる。註　大見得。**「成田屋！」**と大音声。

第三十九声　太鼓・笛の飛び六法の鳴物となる。弁慶は揚幕を見込むと、トン〳〵と細かく三つ飛ぶ。ここで**「成田屋！」**

第四十声　後は、弁慶は、花道揚幕へ向かって勢いよく、右手を前に出し飛ぶように入って行く。飛び始めに**「成田屋！」**と掛ける。これで終了。

以上一時間十五分の上演時間。大向うの掛け声は、弁慶に十七回、富樫と義経に夫々九回、四天王に夫々一回計四回、長唄立唄に一回、総計四十の掛け声となる。

大向うの発声場面四十で、上演時間一時間十五分を除算すると、一分五十三秒に一回の大向うが、掛けられる勘定になる。一分五十三秒に一回の掛け声が多いか少ないか、『勧進帳』を観劇の時に、このデータと照合して確認してみよう。掛けるべき箇所で、声が入っているか、声を入れなくてよい箇所で、声を入れていないかを判断できる。大向うとしての実力を、評価するチェックシートにもなろう。

註 大見得（大きく明確にする見得、おおみえ）→十三代片岡仁左衛門は、大見得について次のように語っている。「大見得をきるのは、その一幕のクライマックスで、だいたいは一箇所しかない。『太十』には、藪から出るところと幕切れとふたところありますが、こういうのは滅多にないいんですね」（昭和四十四年十月発行季刊『歌舞伎』第六号百八十三頁）この『太十』とは、「絵本大功記」の中の十冊目、六月十日の段であり、「尼ヶ崎閑居の場」である。武智十兵衛光秀が主役の時代物演目。

十七代目市村羽左衛門の座談会の発言「だいたい大見得と言いますと、ツケを打ち上げてする見得です。ですから時代物や荒事の見得が大見得ということになります」

これは、昭和六十一年発行『演劇界』九月号に「見得　そのいろいろ」のタイトルで特集された記事の中にある。二代目中村吉右衛門との対談も詳細にわたり、見得をする歌舞伎役者の証言として、貴重な記録である。司会構成は、服部幸雄。

## 2. 時代物　『倭仮名在原系図《やまとがなありわらけいず》』（蘭平物狂《らんぺいものぐるい》）　一幕二場

上演　平成二十六（二〇一四）年六月一日（日）〜六月二十五日（水）
　　東京・歌舞伎座　三代目尾上左近初舞台
　　夜の部16時30分〜18時00分
配役　蘭平（四代目尾上松緑）、繁蔵（三代目尾上左近）、水無瀬御前（五代目尾上菊之助）、在原行平（七代目尾上菊五郎）、与茂作（九代目市川團蔵）、おりく（五代目中村時蔵）
台本　平成二十六年六月歌舞伎座上演台本　全四十頁
初演　宝暦三年一月京都・山下座　合作（浅田一鳥、浪岡鯨児、並木素柳、豊竹甚六）「行平館」から「奥庭」の立回り（歌舞伎立回り中屈指の代表作）のみが残った。

取分け、二十分間にわたり繰り広げられる大立廻りは、大梯子を用いての大技を頂点に、刀、十手、棒、梯子。釣瓶を用い、井戸屋根、石灯籠に登っての空前絶後の立廻りの連続である。この二十分間にツケ打ちは、三十回を越える。この場の捕り手として、六月の筋書に名前の載っている役者は、丁度三十名である。

開幕　十六時三十分

幕の下手に三代目尾上左近さん江と墨色縦書きされた贈り幕が、下手から上手に向けて引き開けられていく。幕中央に、尾上松緑家の家紋（四ツ輪に抱き柏）が大きく紅白で描かれている。幕の上手には、紅色ののしと上方にあり、下の方には小さく赤色で、Ｒｉｎｎａｉと幕の贈り主名がローマ字社名なので、横書きに記るされている綺麗な贈り幕。「在原行平館の場」の開幕。

奴三人掃除中、会話後三人下手へ入る。

十六時三十二分

竹本〽「行平卿の御台水無瀬御前《みなせごぜん》、立ち出で給ひ」正面の襖空き、御前出る。

**「音羽屋!」**と掛ける。

竹本〽「時しも奴の蘭平が、須磨より松風伴ひて」花道より蘭平出て来る。

「**紀尾井町《きおいちょう》！**」と掛ける。既に同じ場に菊之助音羽屋がいるので差別する為。
蘭平「ネイ、お次に控えし両人の者、急いで是へ」の呼び出しにより、花道へおりく先に、与茂作は後から出て来る。花道歩いている内に、声を掛ける。
「**萬屋《よろず》！**」「**三河屋《みかわ》！**」の順である。両人花道七三で止まり、会話後本舞台に。

十六時三十五分
竹本〽「笑ひさざめく折こそあれ」とその時奥から、行平の声が聞こえて来る。
行平「ナニ松風が参りしとな、それへ往て対面せん」正面の襖から、出る。
「**音羽屋！**」と掛ける。襖開いて全身が見えれば即、歩み出し待たず発声。

十六時三十七分
行平「ハテ誰を追手に、幸い蘭平が倅繁蔵に申し附けん。ヤァ〳〵繁蔵早参れ」
繁蔵「ハハア」と答えて、上手より繁蔵出て来る。ここで「**音羽屋！**」と掛けるが、行平と同屋号なので、三代目左近の「**三代目！**」でも良い。名跡数は原則として花道で掛けるが、この場面では例外として許容出来よう。

十六時四十一分

行平「繁蔵はや行け」
繁蔵「ハハ」と応えて、花道へ入る。そこでツケ打ちに合せて**「三代目！」**
蘭平「コレ繁蔵待てくく、待たぬかくくチエ……」と花道坐り繁蔵を見送る。
そこでツケ打ち**「紀尾井町！」**
行平と与茂作との遣り取りの内に、水無瀬は奥へ入る。与茂作下手柴垣蔭へ。
**「三河屋！」**と短く低音で掛ける。

十六時四十六分
行平「ヤア言語道断」ここで**「音羽屋！」**行平の台詞続く「主に慮外も顧みず倅をかばう不忠者、いで下郎めを切捨てくれん」　行平刀を抜いて振り上げる。蘭平倒れ伏し気絶する。おりく介抱する内に気が付き起きあがる。これから、十分間の**蘭平物狂い**の所作となる。舞踊、邦楽の知識や舞踊に声を掛ける素養や適性のない大向うでは芝居の邪魔になる場合すら多い。四代目尾上松緑、即ち藤間流家元の藤間勘右衛門の踊りを静かに堪能するシーンであり、芝居前半の見どころでもある。

十七時〇〇分
行平「生得病の事なれば、許すくく、部屋へ下って休息致せ」

蘭平「スリャ只今の不調法お許し有て、部屋へ下って休めとナ、ネイ〳〵有難うございまする」我子を気遣い花道七三へ駆けて行く。そこでツケ打ち。一柝と二柝の間に**「紀尾井町！」**と掛ける。

十七時〇二分
竹本〽「折から此処へ蘭平親子」鳴物早舞となり、蘭平、繁蔵親子、花道へ出て来て入れ代り、きっと極まる。ツケ打ち**「紀尾井町！」**一回だけ掛ける。

十七時〇四分
行平「さこそ〳〵繁蔵、部屋へ下って休息致せ」
繁蔵「ハハ」ト首を中央へ来てとり、下手へ向かう。蘭平の前で鼻へ手をやり得意げな仕草。
そこで**「三代目！」**

十七時〇五分
繁蔵下手に入った後、与茂作は行平に斬り掛かり、蘭平に縛り上げられる。
行平「コリャ与茂作とやら、仔細ぞあらん白状致せ」
与茂作「斯くなる上はナニをかつつまん、白状致す」ト台詞を言い切った処で**「三河屋！」**

と入れる。この後、合方《あいかた》になり、与茂作の述回が始まる件。

十七時〇八分

行平「松風とは久し振りにて一献汲まん、松風来やれ」ここで**「音羽屋!」**

ドーンと太鼓鳴り、御簾下がる。これより蘭平与茂作の勝負から和解へ。

十七時十二分

与茂作「して兄者人には如何致してこの処へ」

蘭平「その不審な尤《もっと》も」ここで**「紀尾井町!」**但この場面には、他に音羽屋の屋号を持つ役者は居ないので、「音羽屋!」でも差支えはない。

十七時十四分

竹本〽「示し合せて両人は別れてこそは」

蘭平「コリャ」ここで柝が入る。即座に**「紀尾井町!」**

キザミにて下手から上手へ、網代幕引きつけ。次の奥庭の場まで十分間程管弦でツナグ。蘭平の仕度出来上がり、三つ太鼓、柝で上手より網代幕落とす。

十七時二十四分

「奥庭の場」開幕　蘭平大童にて抜身を構え梯子上で立身。これより正味二十分間の立廻りとなる。その間のツケ打ちの回数は、総計三十一回に及ぶ。

一　幕あき、蘭平刀を抜いて振り上げての見得。最初のツケ。**「紀尾井町！」**

二　捕り手四人出る。ツケ。

三　五段の小梯子持ち捕り手三人出る、後からもう一人。ツケ。

四　四人の捕り手、夫々小梯子を持ち絡む。ツケ。

五　捕り手たち小梯子使っての立廻り。打ち上げツケ。**「音羽屋！」**

六　捕り手たち小梯子を使い絡む。ツケ。

七　続いて立廻り。ツケ。

八　尚、立廻り。ツケ。

九　十二人の捕り手相手に立廻り。ツケ。

十　井戸の前で刀を置いて。ツケ。捕り手大勢大梯子持ち花道へ。

十一　花道で斜めに立てた大梯子上にて蘭平の見得。打ち上げツケ。

**「紀尾井町！」**

十二　蘭平大梯子の上に座し、担がれて本舞台へ戻る。ツケ。

十三　担がれた大梯子に、蘭平坐つたままクルッと天地を一回転見得。ツケ

十四　蘭平大梯子から降り、捕り手たちと立廻り見得。ツケ。**「音羽屋!」**
十五　捕り手二人と立廻り。ツケ。
十六　捕り手一人と立廻り。ツケ。
十七　捕り手五人次々にうつ伏せの仲間の上飛び舞台中央に固まる。ツケ。**「音羽屋!」**
十八　捕り手八人相手。ツケ。
十九　捕り手三人相手。ツケ。
二十　蘭平井戸の屋根上に上り。ツケ。
二十一　蘭平井戸の屋根上で見得。ツケ。**「音羽屋!」**
二十二　蘭平は捕り手二人に続き、飛んだ石灯篭の上で見得。ツケ**「紀尾井町!」**
二十三　本舞台へ降りてから見得。ツケ。
二十四　本舞台で再び。本釣鐘ゴーン　ツケ。
二十五　本舞台で。ツケ。蘭平「繁蔵ヤーイ」ゴーン**「音羽屋!」**
二十六　本舞台で。ツケ。
二十七　本舞台で。ツケ。
二十八　捕り手二人と花道立廻り回り見得。ツケ。

二十九　花道立廻り七三の見得。ツケ。**「音羽屋!」**

三十　花道立廻り七三の見得。ツケ。

三十一　花道奥を見込んでのひとり見得。ツケ。**「紀尾井町!」**

無人となった舞台、花道から蘭平が、繁蔵に呼び掛ける。

十七時四十四分

蘭平「あの繁蔵はいづこに居るぞ、ととは此処にいるぞよ、繁蔵やァい、倅やァい」ト此時上手にて、

行平「ヤァ〱伴《ばん》の義雄《よしお》暫く待て、中納言在原の行平」ト下手にて、

音人「小野篁《おののたかむら》が家臣大江の音人《おとんど》」

行平「今改めて見参《げんざん》」

四人「見参」

蘭平「何がなんと」

上手より行平、水無瀬出る。行平に**「音羽屋!」**と掛ける。水無瀬へは掛けず。

下手より音人、おりく出るが、両人にも掛けず。

十七時四十五分

蘭平「ヤヤ与茂作がその体《てい》は」

音人「おお不審な尤も」ここで**「三河屋！」**この後、暫くやり取りあり、繁蔵は花道へ出て来る。七三で見得。ツケ。**「三代目！」**

十七時五十六分

蘭平「この場は此の侭立ち別れ」

行平「又の再会」ここで**「音羽屋！」**を掛ける。

蘭平「さらば」

皆々「さらば」

ここでチョン、チョンと二丁柝が入る。登場人物上手から、水無瀬、行平、蘭平、繁蔵、音人、明石《あかし》（おりく）の順に舞台に平伏する。**尾上左近初舞台の挨拶口上である。**発言は、最初尾上菊五郎、二人目が尾上松緑、次いで尾上左近、締め尾上菊五郎。口上の前又は口上の後に、各口上者へ大向うを掛ける。

口上の所要時間は全員で三分間程度。祝事なので。明るく大声で掛ける。

口上が終わると舞台演技再開され、いよいよ幕切れとだが、二つ注目点がある。

歌舞伎座上演台本（平成二十六年六月）四十頁目を原文通り記すと、

ト片シャギリになり

蘭平、大入叶註①を描き三段註②に乗り、上下見合って
太刀はらうを柝のかしら「四代目!」
アト打ち上げて「紀尾井町!」キザミにて幕

註① 大入叶（おおいりかのう）
「大入叶」の文字を、座頭《ざがしら》が芝居の大入繁昌を願って、幕切れに空に描く大見得。
（一）まず刀を両手で上へ掲げる。これが横一を示す。
（二）次に左右に山形に切り下ろす。これが人で、横一と合せて、大の字となる。
（三）右側からワキの役が槍で突き上げ、刀でこれを受け止める。入の字。
（四）胸の前で横に払った刀を真直ぐに立てて、右肩に担いで極まる。十の字。
（五）最後に刀を両手で持って、ゆっくり頭上へ上げて行き大きく極まる。これで刀と両腕で口の字を作り、十の字と組み合わせて、叶の字。

註② 三段（さんだん）
大道具用語。幅三尺（約九十センチ）、高さ二十一寸（約六十三センチ）、踏み板の幅八寸（約二十四センチ）ないし一尺（約三十センチ）の三段の木製の階段。この階段を赤毛氈《もうせん》で包み、幕切れに舞台前面に押し出し、主役がこの最上段に乗って見得をする。三段は座頭、二段は

立女方《たておやま》以外は用いることは許されていない。


平成二十六年六月『蘭平物狂』の幕切れで、蘭平は、台本に大入を描き、とあるがどう観ても大入の文字は描いておらず、当然大入叶の文字も描いていない。

三段に乗らず二段での見得をする。明らかに、当月の台本とは異なる演出である。歌舞伎台本の変更は、融通無碍が慣習であろうが、あまりにも大きい乖離である。保存台本は、三段を訂正し二段と鉛筆書きされてはいた。四代目尾上松緑はこの時点この芝居では座頭或は座頭級ではないと言うのが、これらが変更の因ではないかと推測される。


ちなみに、平成十四年六月の四代目尾上松緑襲名興行では、蘭平を演じた四代目尾上松緑（前名・二代目尾上辰之助）は三段に乗り、大入叶を描いていた。

観客としては、なんとなく解せない二十六年六月の『蘭平物狂』の二段であった。

大向うの回数は、総数参拾三回とツケ打ちの回数に比べて多くはないが、役柄別にみてみると、蘭平　十八回、繁蔵　四回、水無瀬　一回、行平　五回、与茂作　四回、おりく　一回と、蘭平が全体の半数を超え五十五パーセントに及んでおり、主役の蘭平が一段と光る芝居の構成であることは明らかである。

## 3. 時代世話物《じだいせわ》 『平家女護嶋《へいけにょごのしま》』 三幕四場

上演 平成七（一九九五）年十月五日（木）～二十八日（土） 東京・国立劇場
平成七年度芸術祭協賛公演 上演時間全三幕12時00分～15時50分

配役 平清盛・俊寛僧都（二代目中村吉右衛門）、能登守教経（九代目澤村宗十郎）、俊寛妻東屋（五代目中村松江後に二代目中村魁春）、瀬尾兼康（九代目市川團蔵）、平判官康頼（三代目松本錦吾）、丹波少将成経、（六代目中村東蔵）、丹左衛門尉基康（四代目中村梅玉）、海女千鳥（五代目中村時蔵）、後白河法皇（二代目中村又五郎）、有王（三代目中村歌昇後に三代目中村又五郎）

台本 平成七年十月 国立劇場通し狂言台本（山田庄一・脚本）全七十九頁

演出 戸部銀作

初演 享保五（一七二〇）年正月 大坂中の芝居・竹島幸左衛門座

作者 近松門左衛門、時代物義太夫節五段が原作

序幕開幕　十二時〇〇分

平家六波羅館、本舞台黒塗り勾欄付高二重、中央に三段、上下は縁側突当りに出入切戸、屋台正面に御簾、六人の侍たち烏帽子、素抱にて居並び、管弦開幕。

十二時〇四分

揚幕管音チャリン**「加賀屋！」**東屋の出、竹本始まり「無残なるかな俊寛が妻の東屋《あずまや》は、心ならずも捕われの縄目血走る弱腕《よわかいな》」で花道七三へ東屋来る。管音で掛けていなければ、ここで東屋の屋号を掛けてもよい。

十二時〇六分

清盛「聞いたきいた」ト大太鼓ドーンドーンドドンで御簾上がる。顔観えたら**「播磨屋！」**と掛ける。

十二時〇八分

竹本〽「大口くわっと見給えば」ここでツケ打ち、**「播磨屋！」**と掛ける。

十二時十二分

清盛「コリャ東屋色よい返事を」ここで**「播磨屋！」**、「待っているぞよ」に続き、大太鼓ドーンで御簾下がる。ドーンで**「播磨屋！」**

十二時二十四分

東屋「常盤御前の幸せとは、武士の口から聞きにくい、夫義朝を滅ぼした敵の妾となるような徒ら者とこの東屋、比べらるるも口惜しい」

ここで**「加賀屋！」**

十二時二十八分

竹本〽「有王が来たれかしと、立っては口説き居ては嘆き、心も乱るる折からに、能登守教経立出で給い」ト竹本が能登守と言ったところで、正面後ろから、教経、烏帽子、狩衣にて立出る。ここで**「紀伊国屋！」**

十二時三十八分

教経「清盛公へ申上ぐる、御心をかけられし東屋、教経が口説き落として候ぞ、只今御座へ同道申す、御盃の容易々々」ここで**「紀伊国屋！」**

十二時四十分

花道へ有王は、侍二人と立廻りながら出て来て、花道七三でツケ「**萬屋！**」

有王「イデ有王が胴切って、釣合うようにしてくれべいか」ここで「**萬屋！**」

この後、本舞台へ有王来て、侍十人と立廻り。中央でツケ「**萬屋！**」皆々を下手に追い込む。

そこでツケ「**萬屋！**」、ここへ菊王出て来て二人で立廻りとなる。ツケ「**萬屋！**」と掛ける。

十二時四十四分

教経「ヤァヤァ菊王、過ちすな」と奥から声、東屋の首を持ち、出て来た時「**紀伊国屋！**」

十二時五十分

竹本〽「助くるも道、殺すも道、恩を感ずる落涙も、うわべは色だつ敵と敵」

教経「さらば」

有王「おさらば」

竹本〽「別れてこそは」ここで柝。ト上手に菊王、真中に教経、下手に有王、

よろしく　本釣カーン　ツケ打ちで「**紀伊国屋！**」

幕（幕合い三十分）

十三時二十分

二幕目鬼界ヶ嶋の場　開幕

本舞台正面一面の浅黄幕《あさぎ》（浅葱幕《あさぎ》とも書く、ライトブルーの幕）、浪の音にて定式幕が明くと舞台全面に張ってある。

竹本〽「元よりも此の島は鬼界ヶ島と聞くなれば、鬼ある処にて今生よりの冥土なり」トこの文句あってチョチョンと軽く柝が入ると、浅黄幕を切って落す。

浄瑠璃続く内、岩蔭より俊寛枯れ木をつき出て来る。そこで**「播磨屋！」**浄瑠璃「判官康頼、少将成経の真砂伝いに出で来り」と語り、管音が鳴って、花道へ両名出る。**「加賀屋！」「高麗屋！」**と出て来た順に掛ける。浄瑠璃とは出の順番が逆になっているのに要注意である。役者の顔を確認後、声を掛けるという原則を守るのが、大向うの基本である。花道七三で立ち止まっての会話の終りに

少将「互いのうさを」ここで**「加賀屋！」**

二人「晴らし申さん」二人本舞台へ来るが、判官本舞台へかかる時**「高麗屋！」**

十三時三十三分

竹本〽「語りたまえとせめられて、顔を赤らむ丹波の少将」頷き台詞に入る前に、**「加賀屋！」**

この後、少将と俊寛の遣り取りあって、判官花道附際にて呼び、

判官「コレ千鳥、俊寛様がお許しあれば、爰《ここ》へおじゃ。千鳥〱」
千鳥「アイ」と応えて花道へ出る。ここで**「萬屋！」**演出で一度花道揚幕に引き込み、又出て来るが、揚幕管音（チャリン）に合せて**「萬屋！」**と再度掛ける。

十三時四十六分
判官「先ず〱おおさめ下されれ」
俊寛「俊寛肴《さかな》仕つらん」ここで身構えるが、三味線チョンで掛ける。
**「播磨屋！」**松の小枝を持ち立上り舞う。沖に大船が嶋に漕ぎ寄せ来るを
俊寛「さては帰参の」で**「播磨屋！」**と掛けて、「船かいやい」と台詞は結ぶ。

十三時五十二分
上手奥より、浮線蝶《ふせんちょう》の紋つきの幕を張った船一艘の前部を押し出す。
竹本〽「陸に上がるは平家の侍、瀬尾太郎兼康ゆう〱と歩み出て」瀬尾の姿が船上に現われた処で、**「三河屋！」**と掛ける。

十三時五十六分
俊寛「ナニ、鬼界ヶ島のすもりにせよとな」

瀬尾「おお清盛公の厳命だ」ここで**「三河屋！」**これから、俊寛の嘆きの台詞と浄瑠璃ある処へ、上手奥から声あって

丹左「ヤレなげかれな俊寛僧都、丹左ェ門尉基康これにあり」上手船上へ出る。

**「高砂屋！」**と丹の姿が現われたら即、掛ける。

十四時十三分

千鳥「鬼界ヶ島に鬼はなく」チョンチョンここで、**「萬屋！」**この後、浄瑠璃と振りあって、ついに千鳥死のうとする。

俊寛「待て〳〵」と船の中より、俊寛が千鳥を止めに駆け出て来る。そこで、**「播磨屋！」**と掛ける。これから二十分近い瀬尾との遣り取り、刀を用いて立廻りとなる。俊寛は、瀬尾の小刀を奪い、大刀の瀬尾と争うことになるが、ツケ打ちはここ一回のみ、俊寛が小屋の前で坐っていたのが立ち上がり、小刀を振り上げ極まる。当然ここで**「播磨屋！」**十四時二十八分位である。

十四時三十一分

俊寛「ささ、さればあ、さぁれぇばぁ。少将、康頼に此女を乗すれば人数にも不足なく、関所の異論なき所、小松どのの能登どのの情にて、昔の罪《とが》は許されて帰路に及ぶ俊寛が、上司を切ったる科により、改めて今」

竹本〽「鬼界ヶ島の流人となれば」で俊寛は両膝をついたまま、右手の小刀を地上に突き、左手で顎髭《あごひげ》を握る見得（関羽見得）に入る。**「播磨屋！」**二幕の中で唯一の見得と言われる見せ場である。二代目中村吉右衛門は、この見得を地味に表現する。ツケ打ちも入らない為、一般の大向うは、掛けない者が大部分である。ここが、掛け処、或は関羽見得と知らない者が、平成七年の時期に大向うをやっていたのかも知れない。大向うのクオリティとレベルの変質或は劣化は、この一幕のこの場面で明白となる。

十四時三十三分
俊寛「コレわれ此島にとどまれば、五穀にはなれし餓鬼道に、今現在のこれ修羅道、硫黄のもゆるは地獄道、三悪道を此の世で果たし、後世を助けてくれぬかやい。俊寛が乗るは弘誓《ぐぜい》の船」ここで**「播磨屋！」**

十四時三十五分
丹左衛門尉は、船首にて腰を落とし、右手で扇をかざす。**「高砂屋！」**これ以後俊寛の一人芝居開始。本舞台から花道で、そして岩山に登るまで、通算十数回に及ぶ俊寛の「オーイ」の呼び声が圧巻である。「オーイ」の合間に、大向うの掛け声を入れたくなる場面だが、芝居の興趣を損なうような掛け声なら、無い方がよい。掛けるも大向う、掛けぬも大向うの好例のシーンと言えよう。巖頭によじ登り、松の枝にすがり枝折れ、両膝前に落とし両手つく。柝の頭で**「二代目!」**と掛ける。後はキザミ柝で幕閉まり始めたら**「播磨屋!」**で終り。

十五時〇五分
三幕目（大詰）敷名の浦の場　開幕
本舞台、向う一面の海の遠見、上手に芦の茂み、その奥に赦免船の舳見える花道管音チャリンで**「萬屋!」**、有王丸揚幕より出。

十五時〇六分
丹左「何、迎えの者が参りしとな」ト　船上へ張った幕より丹左衛門出た処で**「高砂屋!」**と掛ける。

十五時〇九分
有王「ハァあやまったり〱」ここで**「萬屋!」**

十五時十二分
有王「心得ました」

丹左「コリャ」ト　知らせの柝で「**高砂屋！**」、二柝で浪幕振りかぶせる。

十五時十五分　敷名の浦海上の場

竹本〽「波の上、はや御座船の棹の歌、綺羅を飾りしベキシュの舳先、綾や錦の幕打ち回らし、磯辺に碇をおろしける」ト柝　道具幕振り落とす。船中下手に僧体の後白河法皇、中央上手寄りに、緋の衣に七條袈裟の清盛入道、女官小姓大勢居並ぶ。ここで「**播磨屋！**」

十五時二十分

清盛「ヤァそのまま島に残せしとは手緩しく〳〵、何故首取って帰らざるぞ、この上は成経、康頼も心許されず、汝にきっと預くるぞ、油断なく連れ帰り、厳しく守り動かすな、急げ〳〵」ここで清盛手を上げた処で「**播磨屋！**」

十五時二十九分

清盛「ヤア法皇を助けんとする小癪な奴ばら打ち殺せ」

船子「ハア」

竹本〽「畏まったと船子ども、ばらく〳〵と取巻いたり、有王くっく〳〵と打笑い」

ト　下手より船子十三人出て有王を取囲み、本舞台から花道での立廻り。

ツケ打ち**「萬屋！」**ツケ打ち**「萬屋！」**打ち上げツケ**「萬屋！」**ツケ打ち**「萬屋！」**花道

七三でのツケ打ち**「萬屋！」**トド　皆々を下手へ追込む。

十五時三十三分

竹本へ「足に任せて落ち行きける」ト　有王、法皇の手をひき花道へ入る。揚幕に歩み出したら**「播磨屋！」**と掛ける。二代目中村又五郎に対しては、**「又播磨《またはりま》！」**と掛ける大向うも、この時代存在していた。座頭二代目吉右衛門と同じ本舞台でなく花道に居り、ここは「播磨屋！」で差し支えない。

十五時三十八分

清盛、長刀で千鳥を切り、海中へ落とす、清盛長刀を背負い、見下ろして見得。

ツケ打ち**「播磨屋！」**と掛ける。

清盛「ムムハハムムハ……ヤア〱船子ども、清盛が厳島社参に血汐の穢れ、浄めの舟唄、歌え〱」ここで**「播磨屋！」**

十五時四十四分

上手より東屋、下手より千鳥、両人の幽霊、清盛をさいなむ。清盛苦しみ倒れ、すぐに心付

き立ち上がり
清盛「おのれ亡魂」ト　無念のこなしにて虚空を睨む、三人極まるを柝の頭
**「播磨屋！」「加賀屋！」「萬屋！」**
竹本〽「妖し怖ろし」打ち上げツケ**「播磨屋！」**

閉幕

大向うの回数を役柄別にみると、清盛　十回、俊寛　九回、有王　十二回、教経　四回、東屋　三回、瀬尾　二回、康頼　二回、成経　三回、基康　四回、千鳥　四回、後白河　一回で総計五十四回である。脇役の有王が一番掛け処の多いのが、特徴的である。

立ち回りの多い役柄であることが掛け処が多い主因である。作劇上、有王が主役清盛や俊寛と同等の見せ場を持っているつくりは、あまり評価できない。通し狂言として難点があると言えよう。

## 4. 世話物　『夏祭浪花鑑《なつまつりなにわかがみ》』　二幕六場

上演　平成十五（二〇〇三）年六月二日（月）～六月二十六日（木）
　　　東京・渋谷シアターコクーン
　　　渋谷・コクーン歌舞伎第五弾　上演時間12時00分～15時25分（これは土・日昼の部、土・日夜の部は5時開演、平日は昼13時半、夜18時半開演）
　　　序幕と二幕の間に休憩二十分を挿み、正味上演時間合計三時間二分

配役　団七九郎兵衛・徳兵衛女房お辰二役（五代目中村勘九郎後に十八代目中村勘三郎）、一寸徳兵衛（三代目中村橋之助後に八代目中村芝翫）、玉島磯之丞（二代目中村獅童）、琴浦（二代目中村七之助）、三河屋義平次（笹野高史・淡路屋の屋号と千石船の紋を中村勘九郎から授与）、釣船三婦（初代坂東弥十郎）、団七女房お梶（三代目中村扇雀）

台本　平成十五年六月　シアターコクーン上演訂正台本全百十八頁

演出　串田和美

初演　延享二（一七四五）年八月　京都・都万太夫座《みやこまんだゆうざ》と布袋屋《ほていや》梅之丞座で競演

作者　並木千柳・三好松洛・竹田小出雲の合作、世話物義太夫節九段続きが原作

序幕一場　発端よりお鯛茶屋の場（上演時間十七分）

定式幕開く。磯之丞は男之助の拵えにて、鼠の拵えの佐賀右衛門を踏まえて見得。

磯之「アアラ怪しやな」ここで**「萬屋！」**台詞続く「今荒獅子男之助照秀が……キリキリ消えてなくなれえ」台詞終わったら**「萬屋！」**

〜

団七女房お梶客席より出る。**「成駒屋！」**

〜

徳兵衛「……俺の身の上話」ここで**「成駒屋！」**この後「聞いて下され」と続く。

磯之丞、琴浦両人舞台中央奥へ入る。

〜

お梶「アア良かった良かった磯之丞様はお帰りなさるし、こちの団七殿も近々ご赦免、こんな嬉しいことはござんせぬ、これがほんまに」ト言うを柝のかしら。

**「成駒屋！」**と素早く掛ける。

「おめで鯛茶屋」のお梶の台詞で極まる。

道具転換

**序幕二場　住吉鳥居前の場（上演時間四十一分）**

駕籠かきと磯之丞の争いの中に三婦入る。台詞前に**「大和屋！」**と掛ける。

三婦「コレ待て待て、見れば様子のありそうな若いお侍に、何因縁をつけるのじゃ」

〜

舞台奥より団七、本縄掛けられ捕り手二人付き添いて出る。ここで**「中村屋！」**

〜

団七「俺を呼ぶのは何処からじゃい」

三婦「何処からでもない、床《とこ》からじゃ」ト暖簾から三婦が顔を出す**「大和屋！」**

〜

団七「そんなら親父さん」
三婦「団七」
団七「ドレ男を一番磨いて来ようか」床に向かう時**「中村屋！」**

〜

三婦退場したあと、琴浦上手より走り出る。ここで**「中村屋！」**

〜

逃げた琴浦を追って、床屋に入った佐賀右衛門、団七中からその手を取る。
団七「誰でもない、わしでごんす」剃立ての月代で髭落とした団七がのれんから出る。
**「中村屋！」**と顔見えたら掛ける。床前でツケ打ち、**「中村屋！」**大声で掛ける。

〜

団七と徳兵衛両人の立廻りとなり、床几の上に団七、下手に徳兵衛でツケ打ち入る。
**「中村屋！」「成駒屋！」**、団七の見得**「中村屋！」**、徳兵衛の見得**「成駒屋！」**此処でお梶立廻りの中へ割って入り、三人見得。ここでツケ打ち入るが、掛け声は中央のお梶のみに**「成駒屋！」**

お梶「待った待ったまァまァ待って下さんせ」ここで**「成駒屋!」**、台詞に被らぬ様。
団七「ヤァ、わりゃ女房」
徳兵衛「怪我せぬうちに」
二人「退いた退いた」
お梶「いいえ、退かれぬ退かれぬわいなぁ」ここで**「成駒屋!」**あと、長台詞となる。

〜

お梶「何を言わしゃんすやら」
団七「そんなら徳兵衛」
徳兵衛「団七」
団七「ドレ」
両人「行こうかい」ト、賑やかな合方になり皆々入る。
**「中村屋!」「成駒屋!」「成駒屋!」**と、団七、徳兵衛、お梶に掛ける。この後で佐賀右衛門が出て来て、一くさりあるが、中村勘之丞は国立劇場歌舞伎研修生の第一期生である。佐賀右衛門は台詞多い端役である。主役の不在の幕変わり場面でもある、ここで声援の意味で一声、芸名の**「勘之丞」**と大向うを掛けるのもスマートであろう。

道具変換。

序幕三場　釣船三婦内の場（上演時間四十六分）

下手横客席より、三婦数珠を持ち出る**「大和屋！」**この後、台詞「今帰ったぞ」

〜

竹本〽「表へ二十六七の処見慣れぬ傘の内」ト、向うよりお辰出て門口に来た時に**「中村屋！」**と掛ける。中村勘九郎二役の徳兵衛女房である。

〜

お辰「スリャ預けて下さんすか」

三婦「唐までなりと連れて行かんせ」

お辰「それで私も立ちますわいなあ」ここで**「中村屋！」**

〜

つぎ「もしお辰さん、お前大事の顔へ傷つけて徳兵衛さんに嫌われはせぬかえ」
お辰「何を言わしゃんすぞいナアお内儀、こちの人の好くのはここじゃない、ここでござんす」と自分の胸を叩く**「中村屋！」**と掛ける、唄入りでお辰は向うへ入る。

〜

団七「お内儀このタバコ入れに薬がある、これ飲んで下んせや」
竹本〽「長町うらへ」、団七、花道七三で右足踏み出して極まると、柝のかしら**「中村屋！」**
ここは力強く短く掛ける。ト、団七向うへ入る。
上手より祭の若い者道具幕にて、三婦の屋体をかこう、終り次第道具幕をとる。

序幕四場　長町裏の場（上演時間三十六分）

だんじり（だんじりとは、楽車と書き、車付きの屋台で太鼓を乗せた山車）囃子にて義平次駕籠を急がせて出る、上手横の道路から花道を通って本舞台へ来る。跡から追い駆けて来た団七、舞台中央にて駕籠の棒鼻を右手で押さえ見得、ツケ打ち**「中村屋！」**

〜

団七「よろしゅうございまする。言うて悪けりゃ申しませぬ、又、なんぼ言うたところでたしなむ心もあるまい、見下げ果てたお人じゃなァ」
義平「何じゃ、見下げ果てたとはかたじけない、俺ぁその愛想づかしを待っていたのじゃ」ト、鳥追笠を取り顔を出す。ここで「**淡路屋！**」と義平次役の笹野高史に、中村屋が公認した屋号で掛ける。（淡路島は笹野の出身地）

〜

団七「コリャこの男の生面を」
義平「オォ割った、割ったがどうした、何とした」
団七「コリャもういっそ」ト、舞台中央にて、右足を前に出し刀に手を掛ける、ツケ打ち「**中村屋！**」
これを殺し場面の第一の見得として、以後十四合計十五の見得となる。

〜

〜

義平次慌てて逃げ、両人見合っての見得。「**中村屋！**」これが第二の見得。

団七「アアコレ何を言うのじゃい、コレ言うてよい事と悪い事がある、人に聞かれたらどうするのじゃ、何の俺がお前を殺そうぞい、そんな事言わんと、もう一寸待って下んせ」

ト、言いながら、刀の血を見て驚き義平次の口押さえた手緩む。

義平「親殺し」ト、言う口を押さえ

団七「しもた、手が回ったか」ト、思入れあって

団七「コリャ九郎兵衛が絶対絶命、親仁どん、許さんせ」ト、義平次に一太刀浴びせ、花道行き向うを見込んでキッと見得、ツケ打ち**「中村屋!」**殺しの開始。

花道での中村屋の見得、右手の刀を背に隠し、左手を前に突きだす見得となる。ここの**「中村屋!」**を第三として、花道七三での柝のかしら入った時の見得まで十四の見得がある。

第三以降の見得は、次の十一ある。十番目の後が最後の花道七三の柝のかしらとなる。

(一) 裾に絡む義平次を左右にトン、トンと払い、左手の刀を横脇へ出した「裏見得」。**「中村屋!」**

(二) 刀を左に流して、左手を刀の峰に添え、腰を落として見込む見得。**「中村屋!」**

(三) 井戸の釣瓶竿を左手に持ち、右手の刀を上段に振り上げる見得。**「中村屋!」**

(四) 右手の刀を左肩に担ぎ、左手を前へ十文字に出した「逆見得」。**「中村屋!」**

(五) 正面後ろの垣根を割って出て、刀を両手で大上段に振り上げ見得。**「中村屋!」**

(六) 刀を持った右手を横へ、左手を襷の結び目へ、後向き一本足見得。**「中村屋!」**

（七）腰を落とした団七と義平次の絡みながら争う見得。**「中村屋！」**
（八）義平次の上に跨いで止めを刺して、太鼓の音で裏向きになる見得。**「中村屋！」**
（九）団七、池の堤に腰をおろして、本釣鐘入った時に見得。**「中村屋！」**
（十）団七「悪い人でも舅は親、親父どん許して下んせ」此処で本釣鐘入った時に見得。**「中村屋！」**
最後　団七花道七三にて、左足を後ろに踏み出すと柝の頭。トいっさんに向うに入る。**「中村屋！」**

拍子幕。

シアターコクーンの殺し場（泥場）の特徴として、義平次の蛙見得がないことが挙げられる。従って義平次のシテ見得がないので、掛け声は総て、団七即ち中村屋に掛けることとなる。繰り返しになるが、中村屋の見得は、十五回である。

参考までに、この場の殺しの部分の、他の団七役者の見得が何回か、列挙してみよう。

①　十九回　三代目市川猿之助（後の二代目市川猿翁。）平成九（一九九七）年七月、歌舞伎座昼の部
②　十三回　九代目松本幸四郎　平成十一（一九九九）年六月、歌舞伎座昼の部

③　十八回　五代目中村翫雀（後の四代目中村鴈治郎）　平成十二（二〇〇〇）年四月、
国立劇場昼の部
④　十六回　十一代目市川海老蔵　平成二十六（二〇一四）年七月歌舞伎座昼の部

二幕一場　九郎兵衛内の場（上演時間二十六分）
舞台二重舞台、正面中央に障子屋体、下手に勝手の道具、唄入り合方にて幕あく。
〜
市松「コレ父様、伯父様が来てじゃ」ト、奥の部屋から団七出る**「中村屋！」**
〜
団七「成程こんたの言う通り、これしきのことに命をかける様はなし、そんなら
徳兵衛われわれから引け引け」
徳兵「われから引け引け」
三婦「ええ一緒に引け引け」
団七「そんなら一緒に」ト、三人極まり**「中村屋！」**

徳兵「ハッ、かしこまってござりまする」
左膳「我はこれより四方を固めん、参れ」ト、左膳、捕手は上手へ入る。徳兵衛後に続く**「成駒屋！」**

二幕二場　九郎兵衛屋根の場（上演時間十二分）

知らせにて定式幕あく、止め柝なし。舞台面に模型の屋体ならぶ。向うより団七出て一寸立廻って、極まる。ツケ打ち**「中村屋！」**これから団七立廻り、ツケ打ち入り見得連続八回あるが、声を掛けない方がよい。芝居の興趣を損なうし、流れの邪魔になる。この後、徳兵衛現われ、団七との会話となる。
団七「とは言え、あとでこなさんが」
徳兵「磯之丞さまを見捨てる心か」
団七「なんにも言わぬかたじけない」トド、両人それぞれ極まる。一柝で**「中村屋！」**
二柝で**「成駒屋！」**と入れる。左右より捕り手の縄飛び交じり、舞台正面奥に団七と徳兵衛駆けていき、外部に飛びだして終う。観客席から見えなくなる。その後両人舞台へ駆け戻って、ゆっくりスローモーションにて走る態を見せ、パッと途中で立ち止まり静止状態となる。ここへ舞台奥にパトカー一台急ブレーキをかけ姿をみせる。

幕。

## 5. 生世話物《きぜわもの》　『三人吉三廓初買《さんにんきちさくるわのはつがい》』大川端庚申塚の場

上演　平成十三（二〇〇一）年十二月五日（水）～二十六日（水）十二時開演
十一日、十八日は十一時半、十六時半の二回興行、二十一日は夜のみ
東京・国立劇場開場三十五周年記念公演
通し狂言五幕十一場（幕合い五十五分含む全上演時間四時間半）の内
序幕第二場大川端庚申塚の場（上演時間二十七分）

配役　和尚吉三（九代目松本幸四郎）、お坊吉三（四代目中村梅玉）、お嬢吉三（七代目市川染五郎）、伝吉娘おとせ（十一代目市川高麗蔵）

台本　国立劇場平成十三年十二月歌舞伎公演上演台本百六十五頁
河竹登志夫監修
初演　万延元（一八六〇）年一月江戸猿若町・市村座
配役　和尚吉三（四代目市川小団次）
お坊吉三（初代河原崎権十郎のちの九代目市川團十郎）
お嬢吉三（三代目岩井粂三郎のちの八代目岩井半四郎）
おとせ（初代中村歌女之丞）
作者　二代目河竹新七のちの河竹黙阿弥作、七幕十四場

開幕　十二時十六分

本舞台、四間、中足の二重、石垣の蹴込み。下の方に庚申堂、賽銭箱。この脇に、括り猿を三つ付けし誂えの額。後ろ練り塀、斜めに武家屋敷の見える片遠見。
両国橋北川岸の体。ト、合方にて向うより夜鷹のおとせ、手拭いをかむり、茣蓙を抱えて出で来り、花道にて、
おとせ「夕べ金を落としたお方は、夜目にもしかと覚えある、形りの様子は奉公人衆、定め

てお主のお金であろうが、もしやお主へ言い訳なさに、ひょんなことでもなされはせぬかと、案じるせいか胸さわぎ、心ならぬ」ここで少し台詞の切れ目が入るのに合せて声を掛ける。おとせ役は、市川高麗蔵なので、屋号は高麗屋。屋号で掛けたいところであろうが、高麗屋一門のトップである松本幸四郎が出て来る前に、その同じ屋号を呼ばわるのは、大向うとして不見識である。ここは芸名の **「コマゾウ！」** を掛ける。或は掛けない箇所としてもよい。台詞は「ことじゃなァ」で終わる。間合一、二、三で、花道揚幕より、お嬢吉三出て来る。ここで **「染め高麗！」**

十二時二十分

お嬢は金を取り、おとせを川に投げ込み、出て来た太郎右衛門から差した庚申丸を奪い、追い払う。ツケ打ち **「高麗屋！」**、この後、時の鐘が二つ入る。二度目の鐘ゴーンの鳴り終りに掛け声 **「高麗屋！」** と入れる。

十二時二十二分　これから黙阿弥の七五調の名調子中の代表的な名台詞となる。

お嬢「……月も朧《おぼろ》に白魚の、篝火も霞む春の空、冷てえ風もほろ酔いに、心持ちよくうかうかと、浮かれ烏の只一羽、塒《ねぐら》へ帰る川端で、棹の雫か濡れ手で粟、思いがけなく、手に入る百両」ト、懐の財布を出し、にったり思い入れ。この時、上手にて厄払いの声して、「御厄払いましょう、厄落とし」と呼ばわる。

お嬢「オオほんに今夜は節分か、西の海より川の中、落ちた夜鷹は厄落とし、豆沢山で一文の銭と違って金包み。こいつァ春から」ここで掛け声**「高麗屋！」**台詞続く「縁起《いんぎ》がいいわえ。（ト、白刃を見て）道の用心、持って行こう」ト、刀を納め、帯に差す。ト、この時留めてある駕籠の垂れをパラリと上げる。内にお坊吉三、お嬢吉三を窺う。**「高砂屋！」**

十二時二十四分
お坊「モシ、姐さん一寸待ってもれえてえ」ト、お嬢、庚申丸を袖に隠しながら、
お嬢「はい、何ぞ御用でござりますか」
お坊「用があるから呼んだのさ」
お嬢「何の御用かは存じませぬが、私も急な」ト、行きかけるを、
お坊「サ、用もあろうが、手間はとらせねえ、待てと言ったら」ここで**「高砂屋！」**と声を入れ、次の「待ちなせえな」で、お坊駕籠より降り、両人気味合いの思い入れ。これより、お嬢吉三とお坊吉三のやり取り、かけ引きとなり、百両包みを舞台真ん中に置いての争いとなる。

十二時三十一分
お嬢「そんならこれを、ここへ賭け」
お坊「虫拳ならぬ」

お嬢「命のやり取り」
両人「イザ、イザイザイザ」ト、両人刀を抜き立廻る。見得、ツケ打ち。
一柝で**「高砂屋！」**（最初のバタンが打たれた直後に声を入れる）
二柝で**「高麗屋！」**（パッタリと打ち終ったら声を入れる、二柝は二回目の柝）

十二時三十三分
向うより、和尚吉三出て、花道七三にて見得、ツケ打ち**「九代目！」**と掛ける。本舞台へ来たり、
和尚「待った待った。一番待ってもらおうか」ト、両人の中へ割って入り、双方を止める。

和尚着ている半纏を取って両人切り結ぶ白刃へ掛け、この上に乗双方を止めて三人キッと見得。ツケ打ち**「高麗屋！」**と和尚に掛ける。

お坊「見知らぬそちが要らぬ止めだて」

お嬢「怪我せぬうちに」

お坊「退いた」

両人「退いた」

和尚「いいや退かねえ、退かれねえのだ」ここで次に続く長台詞の前に、和尚に掛け**「高麗屋！」**役者はこの後、台詞百文字近くを一気に述べるのである役者に息を整えさせる効用も、ここでの大向うが果たす役割である。

十二時三十七分
和尚「そんなら俺が言葉を立てて」
お坊「この場ほこのまま」
お嬢「こんたに預けて」
和尚「引いてくれるか」
お坊「イザ」
お嬢「イザ」
両人「イザイザイザ」
此処でツケ打ち、見得**「高麗屋！」**と和尚に掛ける。これから仲裁の和尚の話と三人が義兄弟の盃を交わすくだりとなる。掛け処は全くなく、遂には、和尚が百両を独りで懐に収めることとなる。三人立ち上がったところへ駕籠かき両人窺い出る。

十二時四十二分
駕籠「うぬ、盗人め」
和尚「何をしやがる」ト、和尚にかかるを、左右に突きやる。お坊、お嬢、これを引きつけて、
和尚「三人一座で」ト、両人ムムとうなずき、一時に投げるを、柝の頭。ここで

**「高麗屋！」**三方一時に、

三人「義を結ぼうか」ト、三人引っ張りの見得、船の騒ぎ唄にて、キザミ柝

**「高麗屋！」「高砂屋！」「染め高麗！」**

拍子幕。

## 6. 歌舞伎舞踊『奴道成寺《やっこどうじょうじ》』 一幕一場

上演　平成十三（二〇〇一）年二月一日（木）～二十五日（日）東京・歌舞伎座

昼の部

十代目坂東三津五郎襲名披露二月大歌舞伎　上演十五時六分～十六時〇〇分

配役　白拍子花子実は狂言師左近（十代目坂東三津五郎、前名五代目坂東八十助）所化　二十一名（文殊坊・三代目中村歌昇のちの三代目中村又五郎、不動坊・五代目坂東秀調ほか）花四天　十二名

音曲　常磐津（文字大夫）、長唄（杵屋巳紗風）、立鼓（望月朴清）
台本　当月は台本無し、同配役の平成十九年十月歌舞伎座上演台本全十二頁を参考
初演　明治八（一八七五）年七月、東京市京橋区・新富座、作詞・不詳。常磐津作曲・六代目岸沢式佐。振付・初代花柳寿輔。四代目中村芝翫初演「道成寺真似《まねて》三面《みます》」

本舞台一面所作紅白の段幕を吊り、正面長唄、下手常磐津山台、是に霞幕をかぶせ音楽にて幕あく。

**十五時六分**　花道へ所化八人出て来る。

所化一「聞いたか聞いたか」先頭は中村歌昇だが、ここは声を掛けない。
皆　々「聞いたぞ聞いたぞ」ト舞台能き処へ来る。
所化二「貴僧は最前から聞いたか聞いたかと申しておるが一体何を聞いたかと申したのじゃ」
二番手は坂東秀調だが、声を掛けるところではない。この後、所化三から所化六までの台詞が続き「……是に天蓋を持参した」
皆　々「イヨウ」
所化七「然らばその天蓋をかじりながら」
所化八「般若湯をきこしめし」

所化一「さらば伴当」ここで、所化一の役の役者の屋号**「萬屋！」**を掛ける。

皆　々「致そうか」ト皆々引込み下・上へ居並ぶを、柝に付き段幕飛ばす。

白拍子花子本行の拵えにて真ん中に立つ。襲名興行なので、**「十代目！」**、**「大和屋！」**と賑々しく、陽気に華やかに大声で掛ける。**「オメデトウ！」**や**「待ってました！」**も宜しかろう。

無感情な声でなく、祝意のこもった声になることが一番大事である。

十五時八分
花子花道七三へ行き、中啓にてさっと鐘を指す、ここで**「大和屋！」**本舞台へ戻り正面に向う。
長　唄〽「花の外には松ばかり花の外には松ばかり暮れそめて鐘や響くらん」
足踏みトンで**「大和屋！」**
花　子「道成《みちなり》の卿うけたまわり初めて伽藍《がらん》橘の道成興行の寺なればとて道成寺とは名付けたり」
長　唄〽「鐘に恨みは数々御座る」ここで**「大和屋！」**と掛ける。この後〽「初夜の鐘をつく時は」から……〽「我も五障の雲晴れて真如の月を眺め明かさん」迄続くが、長唄の切りで**「大和屋！」**と声を掛ける。

十五時十五分

皆　々「見つけたぞ見つけたぞ」ト所化一同にて中央に集まり花子を囲う。蔭にて引き抜く。

ここで花子から左近に変わる。**「大和屋！」**と掛ける。

所化一「ヤァコリャ白拍子とは思いの外」

所化二「一体こなたは」

皆　々「何者じゃ」

左　近「私はこの辺りに住まい致します狂言師に御座りますが、今日《こんに》ッタ当御寺に鐘の供養があると聞き、女姿にて参りましたが、思わず烏帽子をとり落し面目次第も御座りませぬ」

所化三「狂言師とあるからは何ぞこの場で舞うて見やれ」

所化二「幸い是に面もあれば是を着て何ぞ一差し舞うたり」

皆　々「舞うたり」

左　近「左様なればテンポの皮やってのけましょう」柝が入る**「大和屋！」**

十五時二十一分

知らせ柝入り、下手常磐津カスミ幕とる。これより常磐津と長唄の掛合となる。

常磐津〽「まず春は花の本金縫箔の小袖幕酌む盃のさざ波は立や吉野の花筏」

常磐津〽「さえて押へて艶女の姿なまめしくずり花どうでも女子は悪性者」

ここで**「十代目！」**と掛ける。

長　唄〽「東育ちは蓮葉なものじゃえ　恋の分里武士も道具を伏編笠で張りと意気地の吉原」
常磐津〽「花の都は歌で和らぐ敷島原に勤めする誰と伏見の墨染」
長　唄〽「煩悩菩提の撞木町より浪花四辻に禿《かむろ》立ちから室の早咲きそれがほんに色じゃて一《ひ》イ二《ふ》ウ三《み》イ」
常磐津〽「夜露雪の日下《ひしも》の関路を共にこの身を馴染重ねて中は丸山ただ安かれと」
ここで**「大和屋！」**と入れる。
長　唄〽「思い染めたが縁じゃえ」
ここで**「大和屋！」**と極める。
ト手鞠の振りよろしくあり、ここで狂言師は上手奥へ入る。
是より所化花笠を各々持ち出る。長唄と常磐津の掛合で踊りとなる。

十五時三十二分
長　唄〽「菖蒲杜若《あやめかきつばた》はいずれ姉やら妹やら」
常磐津〽「分けていわれぬ花の色エー」
長　唄〽「西も東もみんな見に来た花の顔さよえェー」
常磐津〽「見れば恋ぞ増すェーさよエー　〽可愛らしさ花の顔」ト所化の振りよろしく有って皆々上下に坐る。贔屓の役者が所化の集団中に居れば、当然この振りの時、声を掛けて声援するところであろう。

十五時三十九分

狂言師上手より毛氈《もうせん》で隠しながら出て、毛氈取って前へ出る。**「大和屋！」**

長　唄〽「恋の手習いつい見習いて誰に見しょうとて紅鉄漿《べにかね》つきょうぞみんな主への心中だてオオ嬉し嬉し」ここで**「大和屋！」**

常磐津〽「末はこうじゃになな　そうなる迄はとんと云わずに済まそぞえ誓紙さえ偽りか」

長　唄〽「嘘か真か」

常磐津〽「どうにもならぬ程逢いに来た」

長　唄〽「ふっつり悋気《りんき》せまいぞと嗜《たしな》んでみても情けなや女子には何がなる」

常磐津〽「殿御殿御の気が知れぬ」

長　唄〽「気が知れぬ悪性な悪性な気が知れぬ」

常磐津〽「恨み恨みてかこち泣き」

長　唄〽「露を含みし桜花」

常磐津〽「さあらば落ちんふうう」

長　唄〽「ぜええ」

常磐津〽「い」

両　方〽「なり」

ここで**「大和屋！」**

ト狂言師三ツ面の振りよろしくあって極まる。

十五時四十六分

鳴物三ツ太鼓になり所化上下へ逃げ込み、狂言師上手へ逃げる。

後見出て毛氈片付け霞幕を取る。ト三ツ太鼓にて、花四天色鉢巻きに桜の枝を持ち上下より出る。上手の奥より狂言師を連れ出す。確認してから**「大和屋！」**

長唄〽「百白の四季の眺めや三国一の富士の山　雪かと見れば花の吹雪が吉野山」

長唄〽「散り来る散り来る嵐山」

長唄〽「朝日山々を見渡せば　歌の中山石山の末の松山　いつか大江山　生野の道の遠けれど恋路に通う浅間山　一ト夜の情け有馬山　いなせの言の葉あすか山　木曾山待乳山　我か

三上山　祈り北山稲荷山」

長唄〽「花の姿の乱れ髪　思えば思えば怨めしやと　龍頭に手を掛け飛ぶよと見えしが引っかついでぞ失せにける」**「大和屋！」**

鐘に乗って鉄杖振り払うを栃の頭、**「大和屋！」**打ち上げツケ打ち**「十代目！」**　幕。

## 7. 新歌舞伎　『元禄忠臣蔵』〔南部坂雪《なんぶざか》の別れ〕　一幕三場

上演　平成十八（二〇〇六）年十一月三日（金・祝）〜二十六日（日）
国立劇場開場四十周年記念　十月から3ケ月にわたり、史上初全編通し上演、十一月は第二部四幕十場（伏見撞木町、御浜御殿綱豊卿、南部坂雪の別れ）
十二時〜十六時十五分、上演時間四時間十五分
南部坂の上演時間は五十五分（十五時十五分〜十六時十分）
九日と十七日のみ十六時半開演

配役　大石内蔵助（四代目坂田藤十郎）、瑶泉院《ようぜんいん》（五代目中村時蔵）、羽倉斎宮《はぐらいつき》（六代目片岡愛之助）、落合与右衛門（六代目中村東蔵）

台本　真山青果作　織田紘二補綴　真山美保演出

初演　昭和十三（一九三八）年十一月　東京・歌舞伎座
大石内蔵助（二代目市川左団次）

開幕十五時十五分

四幕一場　三次浅野家中屋敷

赤坂氷川台の三次浅野家の中屋敷で、当家嘉例の十二月十三日煤取りの日、七十あまりの用人を女中たち胴上げしている。

十五時二十二分

奥家老落合与衛門当日の祝儀として出仕して、御広敷下手の杉戸口から出て来る。

落　合「おお、これはあらかたお済ましじゃ。御苦労々々」ここで次の台詞前に掛ける**「加賀屋！」**

十五時二十七分

落　合「その難儀がかかるようなれば頼もしいが」

渋　川「ええ」

落　合「世に人ごころ程……頼みにならぬものはござりませぬ」

大石内蔵助、若侍が先に下手より出る。その後から少し間を置いて座敷に入って来る。

ここで**「山城屋！」**

十五時三十分
内蔵助「そさま達も、この程の御奉公御苦労に思います」
腰元達「はい」
内蔵助「御前さまは、お傷わしいお身じゃ。おこころの沈まぬよう……。朝夕の御介抱をたのみまするぞ」
腰元達「はい」
内蔵助「いやこれは、余計なことを申しました。はゝはゝゝ」ここで**「山城屋！」**と掛ける。
道具廻り始めると、内蔵助静かに立ち上がる。

四幕二場　瑤泉院居間が明るく浮び出る。

十五時三十一分
浅野内匠頭の後室瑤泉院、仏前にて看経をつとめている。ここで**「萬屋！」**と掛ける。

腰元おうめは、腰元置霜と共に居間にて席を設けている。ややありて、大石内蔵助、落合に案内され入って来る。ここで**「山城屋！」**と掛ける。この幕は、静かな場の雰囲気に合せた押さえた掛け声の声調とすることが肝要。

内蔵助は、遠く後室の姿を見て次の間の敷居際に平伏する。内蔵助を告げられた後室は座したまま、顔を面舵（右）に回し、顔が見えたらここで**「萬屋！」**と掛ける。

十五時三十二分

瑶泉院「おお稀らしや、内蔵助……」ト仏間を出で来り席につき「それにては遠い、近う進みやれ」

内蔵助「は」これより二人の会話となるが、この場の終末まで声を掛ける箇所は無い。

〜途中より落合も会話に加わり、十七分ほど続く。

十五時五十分

瑶泉院「願いとは？」

内蔵助「故殿御生前より念護仏とあそばしたる御尊像が御当家御持仏に伝えらるゝとうけたまわりました。今生のお別れ、いや……今日のお暇乞いに御霊牌の前に御焼香をお許し下さるよう……」

瑶泉院「折角ながら、その儀はなりませぬ」（屹ッとしている）

内蔵助「えゝ……」

瑶泉院「わらわが中途にて遮るのではない。殿様にもさだめて、そなたの回向を……御悦びなさるまいと思うのじゃ」

瑶泉院、静かに仏間の方へ去る。大石平伏して見送る。遠く土圭《とけい》の音。

内蔵助「与右衛門どの」

落　合「…………」（不興気に無言）

内蔵助「申せば申し上げたきこともござるが……、何を申しても御女儀《おにょぎ》さまのこと……何事も知らず、見ず、御仏いじりに日を送らるゝのが、御前さまのためにも、お仕合わせなことと思う」

落　合「…………」

内蔵助「これはまた、他人者《たにんもの》のいらざることだ。はゝはゝゝ。それではこれにて罷《まか》ンでましょう。御免下され。（立ちかけて立ち戻り、懐中より袱紗包を出し）噂に聞けば、この頃御前さまには、羽倉斎宮《はぐらいつき》について歌道御熱心のよしなるが、内蔵助めも浪人この方の退屈しのぎに、京の堂上さまがたの末席に立ちまじりおりまする。寒夜御《おん》徒然《つれづれ》の折からなど……、御一覧願わるれば、かたじけのう存じます与右衛門どの」

落　合「…………」

内蔵助「与右衛門どの、これにて御別れ申します」

落　合「…………」

大石内蔵助、手もち無沙汰に立ち上がる。歩み出す時、**「山城屋！」**と掛ける。

十五時五十五分　　道具廻る

四幕三場　浅野土佐守中屋敷、門外

十五時五十六分

羽倉斎宮、少し酒に酔うて足元もみだれ傘差し下手より来る。姿見えたら掛ける。

**「松嶋屋！」**

斎　宮「やあ降る〳〵、近年にない今年の大雪、この間から降りつゞくが、今日はみッしり積りそうだ。小僧、駆けだしてこけるな。あッ！　いううちから最早それだ。はゝはゝ。何処ぞ怪我はなかったか。（と言いつゝ、すべりかけて踏み止まり）……おッと、といいながらおれが危ない！　はゝはゝゝ」

十五時五十七分

この時大石内蔵助、屋敷の潜り門を出て来る。ここで**「山城屋！」**と掛ける。

羽倉の酔うて来るの見て、傘傾けて通り過ぎようとするが、斎宮の方は、わざと大石に突きあたる。これより大石と斎宮の遣り取りの会話が続くが、掛け声無用。

十六時三分

内蔵助「あ、これ、何とする」

斎　宮「面を見るのも身の穢れだ！　フフ、ハッハッハ」羽倉上手へ去る。

十六時四分
落合と内蔵助の会話の間に、武者窓の開いた所に瑶泉院姿を見せる。
瑶泉院「内蔵助」と呼び掛ける。ここで**「萬屋！」**と掛ける。

十六時七分
寺坂、花道より去る。

内蔵助「前原伊助の探索せるも同様なり。十四日は殿の御命日じゃ。明十四日は殿の御命日、
　暁天までには必ず吉左右、ああ、これにてお暇申しまする」

瑶泉院「内蔵助、さらば」

内蔵助「はゝッ！」傘差し立ち上がる。本釣ゴーン。**「山城屋！」**

花道第一歩左足から出る。二歩右足、三歩左足でまたゴーン。ここで**「萬屋！」**

この後、拍子幕となり、内蔵助揚幕に向かい歩み出す。**「山城屋！」**で締める。


——幕——

〔南部坂〕は、原作として四場の構成となっている。今回公演では、時間の関係であろうかその第一の場、即ち斎宮が登場する場がカットされている。観客は何故斎宮が内蔵助に対して怒りを浴びせ掛けるのか、理解し難い感に襲われる場面となってしまう。伏線を張った場面を省略して、これで解かる筈だというのは、原作者に対しても、観客に対しても、失礼な態度ではなかろうか。商業演劇劇場ではなく、国立劇場の記念公演として画龍点睛のカット場面であったと惜しまれてならない。

大向う的分析

『元禄忠臣蔵』に向きあうと、他の新歌舞伎も同様であるが、掛け声を投げかける隙が殆どない。換言すれば、あまりにも密度の高い会話劇であるので、観客参加が極めて困難なのである。芝居の邪魔になる掛け声は、厳に謹むべきであり、掛け声の最低限度として、登場の一箇所に限るとすら考える。結果、当月『南部坂雪の別れ　一幕三場五十五分』の掛け声は総計十一回である。

内訳は、内蔵助六回、瑶泉院三回、斎宮一回、落合一回である。上演時間五十五分に、十一回の掛け声は五分に一回の割合である。参考までに、上演時間一時間十五分の『勧進帳』では、掛け声総数四十回、一分五十三秒に一回の割である。『勧進帳』の掛け声は、時間当り『元禄忠臣蔵』の三倍近い回数となる。

## 8. スーパー歌舞伎『ヤマトタケル』 三幕十三場

上演 平成十七（二〇〇五）年三月九日（水）～四月二十四日（日）の四十六日間
新橋演舞場（四月八日（金）休演日）昼の部十一時、夜の部四時半開演

配役 小碓命《おうすのみこと》後にヤマトタケル・大碓命《おおうすのみこと》の二役―（ダブルキャスト）初代市川右近・初代市川段治郎（後の二代目市川月乃助）、武彦―（ダブルキャスト）初代市川右近・初代市川段治郎（後の二代目市川月乃助）、皇后《おおきさき》・伊吹山の姥神―八代目市川門之助、熊襲《くまそ》弟タケル・伊吹山の山神―二代目市川猿弥、弟橘姫《おとたちばなひめ》―二代目市川春猿、ヘタルベ―初代市川弘太郎、老大臣・トスタリ―二代目市川寿猿、倭姫《やまとひめ》・帝の使者―三代目市川笑三郎、兄橘姫《えたちばなひめ》・みやず姫―二代目市川笑也、帝《みかど》―金田龍之介（新派俳優）

台本 脚本（三幕十三場百六十二頁）・演出三代目市川猿之助
監修 戸部銀作、奈河彰輔
初演 昭和六十一（一九八六）年二月四日～三月二十七日、新橋演舞場
配役 小碓命（後にヤマトタケル）・大碓命―三代目市川猿之助、兄橘姫・弟橘姫―

五代目中村児太郎（後の九代目中村福助）、タケヒコ―五代目中村歌六、他に倭姫―九代目澤村宗十郎、四代目市川段四郎―ヤイレポ・山神
現在の初代市川右近がヘタルベ、二代目市川笑也がみやず姫、初代坂東弥十郎が熊襲兄タケル、二代目市川小米（後の八代目市川門之助）がヤマトタケルの従者で、初演に出演

原作

梅原猛の初戯曲『ヤマトタケル』三幕十五場、講談社一九八六年一月第一刷発行、定価一四〇〇円、二九七頁
原作は上演時間九時間に及ぶ為、三代目猿之助が上演時間四時間半（休憩を除く正味上演時間三時間二十五分）の台本を作成、スーパー歌舞伎第一作として日本中を沸かせた人気作品となった。
参考までに、梅原台本とダブルキャスト台本との内訳を分析してみよう。梅原台本は、台詞部分二百七十七頁、縦四十二字、一頁当り十八行、総文字スペース二十万九千字である。
ダブルキャスト台本は、百六十二頁、三十字十三行で総文字スペースは六万三千字である。梅原台本は三倍を超える。但これは文字スペースであり、文字数ではない為台詞数三倍では無い。

### スーパー歌舞伎のネーミング（呼称）の起源

梅原ヤマトタケル初戯曲本には、『週刊朝日』一九八五年十一月二十二日号より収録した対談「蘇るヤマトタケル」が掲載されている。その中では、次の通り。

猿之助　今回先生に脚本を書いていただくときに、シェークスピアのような深みのある台詞で、ワーグナーのような大きなスケールに歌舞伎本来の面白さを生かしてください（笑い）と、欲張ったことをお願いしたんですが、それをちゃんとかなえてくださった。それでこの新しい芝居をジャンルとして何と呼ぼうか、新歌舞伎という言葉は昔からあるし、それじゃ弱いから、スーパー歌舞伎とでもしようかと。

第一幕第一場　大和の国―聖宮

十一時〇〇分　大ゼリ回転しながら上がってくる

大　臣「お早うございます」

朝臣（一）「帝様にも、御機嫌麗しく」

朝臣（二）「皇后様にも、いとど御壮健」

大　臣「まことにお目出当う」

皆　々「存じまする」この後、帝の発言あるがその前に掛ける**「金田！」**

帝　「ウム目出度いことじゃ。時に、ひつぎの皇子は、今日も姿が見えぬようじゃが」

〜

皇　后「ならばこの者たちは、常世の国の女子ではござりますまい。ひつぎの皇子様は帝を偽り、橘の娘たちを、御自分のものになされたに相違ござりませぬ」

ここで**「滝乃屋！」**

帝　「ひつぎの皇子の大碓命は、どうやらわしに逆しまな心を抱いておるようじゃ。この上は、弟の小碓命を遣わし、申し聞かさずばなるまい。小碓命、これへ参れ」

小　碓「ハァ」舞台中央床下より、セリ穴に作られた階段より上がって来る。小碓命の顔が確認出来た時点で、掛け声**「澤瀉屋！」**を掛ける。

小碓進みでてかしこまる。

帝　「小碓よ、聞いての通りじゃ。これよりすぐに兄のひつぎの皇子の所へ行き、明日は必ず出仕致すよう兄によっく言い聞かせてやるがよい」

小　碓「承知致しました。父上の仰せの旨を、しかと兄上に申し伝えます、そして、明日は必ず兄上を、お連れ申して参りましょう」

帝　「では頼んだぞ」

小　碓「ハハッ」ここで**「澤瀉屋！」**
小碓のみをスポットで残し、フエードアウト、これより小碓の長い独白があって下手退場となる。声は掛けない。独白の余韻を損なう可能性大きいからである。

第一幕二場　大碓命の家

十一時〇八分

花道より「姉上、く！」と声あって、弟橘姫登場。管音チャリンとなってから、一つ二つで**「春猿！」**と掛ける。

弟　橘「姉上……姉上……姉上は一体どこへ行ってしまわれたのかしら……大碓命様は、姉上のことを、あんなに愛しておられるのに、私にも無体なことをしようとなされる。一体どういうおつもりなのでしょう……姉上……姉上」
下手より早替りにて、大碓命黒色衣装にて登場。**「澤瀉屋！」**と鋭く早く掛ける。
これより大碓と弟橘の会話になる。その内に

弟　橘「お許し下さい、お許し下さい」

大　碓「花橘の色香に迷い、私はお前たち姉妹に、命を賭けてしまったのだ。この上は、どうしてもお前が欲しい」
この処で舞台中央の柱の蔭より兄橘姫が時計廻りで舞台に出る。

「**笑也！**」と掛ける。

兄　姫「命様」

大　碓「そなたは兄姫」

兄　姫「弟姫はまだ幼うございます。御無体なことをなされますな……あなた様はこの所何かを思い詰めたかのように心を乱しておられます。このようなお振舞いも、そのせいなのでございましょうか。どうか、どうかお明かし下さいませ」

大　碓「心配致さずともよい。何もありはせぬ」

兄　姫「あなた様は、帝の仰せで私達を召しながら、自らのものにしてしまわれた。帝様に知れたなら、一体何と思し召すか、私はそれが気がかりでなりませぬ」

大　碓「うるさい女子じゃ。私はあちらで休むぞ」

兄　姫「お待ちなされませ。あなた様、大碓命様」

兄姫、大碓を追って両人退場。伝統歌舞伎の場合は、主役退場には声を掛けるのが原則だが、この場面では芝居の流れを妨げるので、声は掛けない。

弟　橘「ああ、よいところに姉上が帰って来られて、本当に助かりました」

小碓（声）「お頼み申します」

弟　橘「どなた」上手より、白衣装で早変わりして小碓となり登場。

顔見えたら「**澤瀉屋！**」と素早く掛ける。

小　碓「小碓でございます」これより早替りにて小碓と大碓の立ち回りに成って行くが、大碓の指示で弟姫は下手に去る。

**「澤瀉屋！」**簾から姿を現わした大碓に掛ける。

**「澤瀉屋！」**大碓に突き飛ばされて、簾より出た小碓に掛ける。

**「澤瀉屋！」**柱の蔭に逃げた小碓に替わって出た大碓に掛ける。

**「澤瀉屋！」**この所早替りにて二人の入れ代っての立ち回り、小碓に掛ける。

二人もみあっている内に、小碓命は大碓命を殺してしまう。

小　碓「兄上、兄上！　……お許し下さいお許し下さい」

兄橘姫と弟橘姫、下手より登場。

兄　姫「命様…命様…小碓様、あなた様は何ということをなされたのです。兄君をこのように……大碓命様をお返し下さい。私の愛しいお方を、お返し下さい！　お返し下さい！」

小　碓「大変なことをしてしまった……だが……だが、何としても、兄上のお心を隠さねば……」

兄　姫「あなた様、あなた様」ここで**「笑也！」**

兄橘姫、死体を抱きながら、泣き崩れる。呆然と立ち尽くす小碓命、それを見ている弟橘姫。小碓のみ残し暗転　溶暗の時に**「澤瀉屋！」**を掛ける。

十一時十八分

第一幕三場　元の聖宮

十一時十九分

一場と同じ元の聖宮。再び明るくなると、帝、皇后、根子命、大臣、朝臣、舎人ら居並んでいる。Ｆ・Ｉ　溶明すると、直ぐ帝の発言前に掛ける。**「金田！」**これから帝と小碓命との遣りとりになる。傍らで聞いている皇后の発言となる。

皇　后「お可哀そうなひつぎの皇子様。皇子様はただ、橘の色香に迷っておられただけですのに、そのようなひどい殺し方をなさるとは、なんと恐ろしい」ここで素早く**「滝乃屋！」**と掛ける。

帝「小碓命、そちは兄殺しの大罪人、掟の通り即刻縛り首じゃ！」ここへ後ろから前に老大臣が走り出て来る。手をつくところで掛ける。**「寿猿！」**

大　臣　恐れながら申し上げます。～」

この後、皇后、大臣、帝、大臣の台詞あって、帝の決断となる。

帝「敷島の、大和の国にまつろわぬ、熊襲タケルという兄弟の国が、遠き西の果てにある。これよりすぐにそれへ赴き、熊襲を征伐して参れ。それが兄殺しのそちには、ふさわしき試練なのじゃ。熊襲を平らげるまでは大和の国に帰って来るな！」

小　碓「それでは行って参ります……父上様にも御機嫌よろしゅう」ここで**「澤瀉屋！」**

皇后、大臣それぞれ思い入れにて、暗転

十一時二十分

第一幕四場　明石の浜

十一時二十三分

開幕すぐ花道走り出て、七三で止まりヴェール取り顔見せる兄姫。ここで**「笑也！」**

兄　姫「ここはもう明石の浜……愛しい夫の敵、小碓命を追うて来たものの、なんと足の早いこと……あの岩かげに休んでいるのは、たしかに尋ぬる……」

兄姫、上手岩かげに突きかかる。小碓は兄姫の刀を押さえ出る。ここで**「澤瀉屋！」**

これより小碓と兄姫との長い遣り取りになる。下手より大臣の声、「皇子様、小碓命様」

兄　姫「あっ誰やら参ります。私はこれにて……」兄橘姫、去りかけて、

兄　姫「小碓命様、どうか御無事で大和へお帰り下さいませ。私はあなた様を…お慕い申しております。お慕い申しておりまする」兄橘姫、上手へ走り去る**「笑也！」**

下手より老大臣出る**「寿猿！」**

大　臣「小碓命様、もう一度お会い致したく、お跡を追うて参りました」
下手より、倭姫、弟橘姫、登場**「笑三郎！」**これより小碓、倭姫、大臣の会話。
弟　姫「小碓命様…」ト、進み出る**「春猿！」**

〜

小碓、花道へ向かう。
小　碓「弟姫、私はきっと帰って来るぞ。多くの人々が私の無事を祈っていてくれる。
倭姫様、じい、私は精一杯戦って、きっとまた帰って来るぞ。私の生まれ育った、
美しき大和の国へ」花道歩み出し、一、二歩のところで**「澤瀉屋！」**と大音声で。

十一時四十分　暗転

第一幕五場　熊襲の国（熊襲タケル兄弟の新宮）
十一時四十五分
熊襲タケルの新築祝い、舞台中央に兄タケルと弟タケル、大盃にて酒盛りの態。
兄　建《たける》「みなの者、よっく聞け」素早く大音声にて**「猿四郎！」**と掛ける。以後五場は同様
の大向うを掛ける。多くの出演者、大音響の舞台に、掛け声が通るように。

一　同「オー」
兄　建「皆のおかげでこの筑紫の国に、立派な新宮が建った」
一　同「オー」
弟　建《たける》「これで、熊襲の国も安泰ぞ」
一　同「オー」
兄　建「今宵は皆遠慮のう呑み明かせ。飲んで飲んで、ぐだぐだに酔ってしまえ」ここ**「猿四郎！」**と台詞終わるか終らぬ内に、素早く大声にて掛ける事、前と同様。
一　同「オー」
弟　建「時に兄者、かの琉球国の大君より、新宮の祝いとして、美しい女子どもを遣わして参りました。ソーレ」とここで**「猿弥！」**と掛ける。これより琉球の踊り子達登場。
この後、吉備の国の使者貢物の鉄の刀と鉄の矢尻の入った箱を捧げる。
相模の国造ヤイレポ、兵士を連れて登場、花道七三で、顔を右に振見せて止まる。**「伸夫！」**と掛ける。（後の二代目市川猿三郎）この後、ヤイレポの踊り始まる。
門　番「申し上げます。只今、美しき大和の踊り女が、一人でやって参りました」
弟　建「何、大和といえば我らの敵。兄者、油断はなりませぬぞ」
兄　建「なあに、たかが女一人じゃ。通せ、通せ」
門　番「ハーッ。大和の踊り女出ませい」

小　碓(声)「ハァ」女装の小碓、出て花道七三に極まる。**「澤瀉屋！」**この後、一くさりあって。
兄　建「やって参ったと申すのじゃな。よし踊れ、大和の女よ、踊れ踊れ」
小　碓「されば拙き」ここで**「澤瀉屋！」**「舞振りを」小碓、本舞台へ来て宜しく舞う。
建兄弟、右、左から小碓を引き合う。小碓はスルリと抜け、兄建の剣を取って魅惑的に踊り出し、よき時に小碓は吊り燭台を切って落とす。
弟　建「灯しが消えたぞ」
兄　建「どうした？　どうした？」
暗闘する三人、トド小碓は兄建の胸を刺す。
兄　建「あっ！　誰じゃ、わしを刺したのは何者じゃ」暗闇の中だが、ここで**「猿四郎！」**
弟　建「灯しを、灯しを」
兵　士「はっ！」兵士一人、天窓を開け、月光あたりを照らす。兄建は奥に倒れ伏す。
民　衆「あっ！」（ト驚く）
弟　建「兄者が殺された！　誰だ！　兄者を刺したのは、何奴だ！　あ！　お前は女、大和の女だ」
民一人「おのれ女め！」
小　碓「女ではない」（ト、男なりに引抜く）ツケ打ち**「澤瀉屋！」**と掛ける。
これより熊襲や蝦夷の家来たち大勢と小碓の立ち回りとなる。

ツケ打ち**「澤瀉屋！」**、ツケ打ち**「澤瀉屋！」**
トド小碓、ヤイレポと刃を合せる。立ち回り中、見得。ツケ1**「澤瀉屋！」**ツケ2**「伸夫！」**と一回のツケ打ちの間に両者に掛ける。その後ヤイレポ傷を負い下手へ逃げて行く。次いで小碓と弟建と一階から二階にかけての大立ち回りとなる。
一階での両人の立ち回りで、見得、ツケ1**「澤瀉屋！」**ツケ2**「猿弥！」**と続けて掛ける。二階で小碓は、弟建を刺す。小碓止めを刺そうとするが、弟建の台詞となる。

弟　建「お待ち下さい。たった一言、一言だけ申し上げたきことがござりまする」ここで**「猿弥！」**と掛ける。これから長台詞となり、小碓に彼等兄弟のタケルという名を贈り、ヤマトタケルと名乗るよう懇願する。この締め括りの台詞は次の通り。

弟　建「わが魂よ、強き強き我らが魂よ、わしの体を離れ、我が名と共にこのミコトに乗り移らせ給え！　熊襲の魂よ、このミコトに乗り移らせ給え！」見得、ツケ打ち**「猿弥！」**と掛ける。

小　碓「よし、いかにもそちの申す通り、今日から私はタケルと、ヤマトタケルと名乗ろうぞ。熊襲の勇者よ、安らかに眠るがよい」と突き刺さった剣を引き抜くと、弟タケルの体は、二階奥から階下に倒れ落ちる。これから熊襲の兵士や民衆に向かっての小碓の勝ち名乗りとなる。

小　碓「私は勝った。名にし負う熊襲タケル兄弟を、私はこの手で倒したのだ。ヤマトタケル、ヤマトタケル、よき名ぞ。日の本一強き勇者の名。まこと今の私にふさわしい。……父上、私は勝ちました。父上の仰せの通り、ただいちにんにて熊襲兄弟を討ち取りました。……父上はお喜び下さり、きっと私を許して下さるに違いない……私は勝ったのだ、私は勝ったのだ。あらゆることに私は勝ったのだ」

ここで打ち上げツケが入り大見得**「澤瀉屋！」**

小碓皆々を睥睨する。**「澤瀉屋！」**太陽昇る。音楽盛り上がり、幕。止め柝。

十二時〇五分（これより休憩三十分間）

二幕一場　大和の国　聖宮

十二時三十五分　開幕

音楽にて幕明くと朝臣四人居並ぶ。四人の渡り台詞あり。大ゼリ上がる。上がりきる前。

**「澤瀉屋！」**、**「金田！」**と続けて掛ける。

帝　「小碓命、よう帰って参ったのう」

皇　后「皇子様の御手柄で、西の国は皆この大和になびき、まつろわぬ国とてもございませぬ」

新大臣「まことに目出度きことと、臣ら一同喜んでおりまする」ここで**「欣弥！」**

帝　「わしからの褒美として、そちには最も美しきものを与えよう。兄姫、これへ」
　上手より、兄姫出る。**「笑也！」**
　これより兄姫と小碓の再会、両人の婚礼を帝は命ずる。更に従者として、吉備の国の頭、タケヒコを連れて、東国蝦夷の征伐行を小碓は命令される、猶予三日間。

小　碓「ハッ参ります。参ります」

帝　「早く行け！」

小　碓「ハハッ」ここで**「澤瀉屋！」**小碓は複雑なかなしげな表情。暗転のところで**「澤瀉屋！」**

十二時三十九分　暗転

二幕二場　伊勢の大宮

十二時四十一分

花道点灯、先に倭姫、四、五歩後から弟姫、揚幕から出る。管音鳴って後一、二、三で**「笑三郎！」**五、六で**「春猿！」**と掛ける。花道での両人の会話あり。トド、明るくなり、紗幕上がる。

倭　姫「弟姫、誰か来ているようですよ」二人本舞台へ
　上手奥より小碓出る**「澤瀉屋！」**これより小碓と倭姫の対話となり、倭姫は、東国への旅立ちの華向けに、天の村雲の剣と小さい袋を、小碓に贈る。
　小碓舞台中央のセリで下り**「澤瀉屋！」**、倭姫は花道スッポンで下る**「笑三郎！」**

十二時五十六分　場面変換

二幕三場　焼津

十二時五十七分

居所替り、遠くに富士を眺める遠江の国、二人背中を客席に向け顔見せずに、舞台中央セリ上がる。立ち姿でタケヒコ振り向く。即座に**「段治郎！」**と掛ける。

この場合はダブルキャストで小碓役は市川右近。小碓役を市川段治郎が演じている場合は、当然タケヒコ役は、右近なので**「右近！」**と掛けることになる。

武　彦「命様、間もなく駿河の国です。この国より東の民は、帝になびいてはおりません。くれぐれも御用心下さい」

小　碓「そういうそち自身も、帝になびいておらぬのではないのか」ト。二人のやり取りが始まる。会話が続く中で、向うにて弟姫の声。

弟　姫（声）「命様！　命様！」

武　彦「ほら、話をしていると、また女子の声だ」

弟　姫（声）「命様！　小碓命様！」弟姫、花道から出て**「春猿！」**これより、弟姫加わり、三者の会話となっていく。同行を願い出た弟姫に対して。

小　碓「それでは共に参ろう。そなたと一緒なら、旅の辛さも慰められよう」（抱き合う）

武　彦「やれやれ、世話の焼ける、お人だ。しかし旅の辛さも慰められると言うけれど、それはあなたお一人のこと、私は一層辛くなりますよ。毎日毎日見せつけられたら、たまったもんではありません」ここで**「段治郎！」**

下手より、相模の国造の使いミンダラ、ヤイレポの兄であるヤイラムのところに案内すると出て、一行を案内する。ヤイラム上手から出、ヤイラムが着座する前**「猿四郎！」**と掛ける。

これより、小碓に対してヤイラムの出迎え、民を悩ます沼の神の征伐を願い出る。快諾した小碓一行をミンダラ先導して草深い野に誘い込み、火攻めを掛けて来る。

弟　姫「炎が、炎が迫って参ります……命様！」

小　碓「弟姫、離れるな、離れぬように致せ」

武　彦「前も後ろも一面の炎の海だ。もう逃げられませぬ」

小　碓「死んではならぬ、ここで死んではならぬ、我らにはやらねばならぬことがあるのだ。……あっ、あの袋だ！　倭姫様から賜わったあの品だ！」腰に付けた袋を取り出し開けると中から火打ち石が出る。

小　碓「火打ち石だ。そうか、草を刈って、この火打ち石で火を付けよというのだな。……武彦、草を刈れ、草を刈るのだ」

武　彦「草を？」

小　碓「そうだ、この天の村雲の剣で草を刈り、我らの方からも火を付けるのだ。火と云うものは、後から付けた火ほど、その勢いが強いと聞く。我らの火の勢いで、敵の火を押し返すのだ。草を刈れ、私と一緒に草を刈れ」

武　彦「ハーッ」

小碓、武彦見得、ツケ打ち**「澤瀉屋！」**二人火に囲まれながら草を刈る。

小　碓「武彦、火を付けよ」

武　彦「ハァ」

武　彦「火が付きました」

小　碓「火の御神にもの申す」見得、ツケ打ち**「澤瀉屋！」**素早く大音で掛ける。台詞「倭姫様より授かりし、火打ち石の起こせし火よ、燃え上がり、燃え盛り、蝦夷の火を滅ぼし給え。滅ぼし給え」見得、ツケ打ち**「澤瀉屋！」**これより京劇仕立ての小碓、武彦の火との戦い、見得、ツケ打ち**「澤瀉屋！」**これより五回見得、ツケ打ち続き、夫々に掛ける**「澤瀉屋！」「澤瀉屋！」「澤瀉屋！」「澤瀉屋！」**

**「澤瀉屋！」**最後に、打ち上げツケ、**「澤瀉屋！」**

ヤイレポ（声）「おのれ、ヤマトタケル」舞台上手よりヤイレポ、下手よりヤイラム出て見得ツケ打ち一打**「伸夫！」**、ツケ打ち二打**「猿四郎！」**と掛ける。

小　碓「お前はヤイレポ、生きていたのか！　するとヤイラム最前の話は真赤な偽りだな」

ヤイラム「その通りだ」

ヤイレポ「ヤマトタケル、よっく聞け」ここで**「伸夫！」**と掛け、ヤイレポの台詞となり、

さらに、ヤイラムのヤマト朝廷の鉄と米による侵略への批判の台詞となる。

そして四者の戦いとなる。トド小碓がヤイレポを刺し、武彦がヤイラムを刺す。

この戦いの間の見得、ツケ打ちは六回。小碓と武彦の二人見得、ツケ打ちは三回。

声を掛けるには及ばない。戦い後、弟姫登場、武彦が蝦夷二兄弟を火葬にする。

小　碓「火が燃える。蝦夷の魂が火となり煙となり天へ昇って行く。思えば我らの定めは火だ。我らは火の様に燃えて、そして煙となって消えて行くのだ」**「澤瀉屋！」**

火は益々燃え盛る。音楽盛り上がって。フエードアウト。

十三時十九分

二幕四場　走水の海上

十三時二十一分

浪頭打込み、暗転幕前、花道スッポン迫上がるヘタルベ、上がりきる前掛ける。

**「弘太郎！」**

ヘタルベ「ヤマトタケルの命様とお見受けいたしまする。私は蝦夷の民、ヘタルベと申す者、

命様のお供にお加え頂きたいと思い、やって参りました」この後、ヘタルベの長い独白が続き、走水の船出を勧める。台詞の締めくくりには次の通り。

ヘタルベ「おおい、船頭たち、勇めの船唄、唄え、唄え」ここで「ヤッシッシ、シシャッシッシ」と船頭たちの掛声聞こえる。これから、スッポン降り始める。直に**「弘太郎！」**

ヘタルベの姿消えると、暗転幕上がり、明るくなる。走水の海上。

明溶、走水の海上、船上に小碓と武彦、占師トスタリがいる。

弟姫、船底から船上へ姿を見せる。**「春猿！」**と掛ける。

弟　姫「最前から承っておりましたが、この海を鎮めるには、私が海の神のもとへ参ればよろしいのですね？」

小　碓「違う、そうではない！」

弟　姫「トスタリとやら、そう神の卦が出たのですね」

トスタリ「はい、左様でござります る」

弟　姫「そう、それならば、私が海へ参りましょう」

小　碓「何を申す。そなたを海へやる位なら、わしも共に参るわ」

弟　姫「いいえ、命様にはまだ大切なおつとめがございます。どうか私一人、海の大王のもとへお遣わし下さい」

小　碓「どうしてそなた一人を、この冷たい海の底へやらりょうか」小碓、弟姫見合って手を取る。手を取った時に「**澤瀉屋！**」と掛け、一呼吸、二呼吸間を置いてから「**春猿！**」と掛ける。ここでの二つの掛け声は低く抑え悲しみの感情を込める事。これより二人の会話となるが、会話の流れ、芝居の進展の邪魔になるので、掛け声は弟姫の入水まで一切無用である。

弟　姫「……私は一人で海の中へ参ります。命様おさらばでございます」ここで「**春猿！**」弟姫、海に飛び込もうとするを、小碓止めるが、入水する。沈み終わると、海は鎮まり、茫然とする小碓。

小　碓「私は失うた。私は最も大切なるものを失うた。私はなぜ弟姫と共に、この水底へ参らなんだのか。私にはまだ大切なつとめがあると弟姫は言った。私は一体何のために戦い、何を求めて旅を続けているのだ。最も愛するものを失ってまで、私のしていることは何なのだ。私のしていることは何なのだ。……弟姫、弟姫、弟姫」ト海へ向かって号泣する。ここで「**澤瀉屋！**」と大きく掛ける。船回り、客席へ向け正面向きとなり、小碓手を差し伸べる。「**澤瀉屋！**」で締める。

幕下がる。

十三時四十分（これより三幕まで二十五分休憩）

三幕一場　尾張の国造の家
十四時〇五分開幕
舞台前面の御簾の前に、国造とその妻が登場。妻の発言前に、**「伸夫！」**と掛ける。
国造妻「一大事にございます。ヤマトタケルの命様が、東国より御帰還の途中、この尾張の国造の館へ、お立ち寄りになられるとやら」
国　造「そのことじゃよ」ここで素早く**「欣弥！」**と掛ける。「命様は先年、東へ向かわれる折にも、この館へお立ち寄りになられた。……」この後、両人の会話続く。
呼　び「ヤマトタケル様、御到着」ト御簾あがる。上段に小碓、武彦、ヘタルベ、家来四人、板付いている。御簾上がる途中、小碓の顔見えたら**「澤瀉屋！」**と入れる。
国造、小碓、武彦三者のやり取りの後。
国　造「いやいや、これではまだまだ足りませぬ。私共から命様へ、お贈り申したき品がござりまする」トここで国造合図をすると、花道からみやず姫出。タイミングとしては花道点灯して、一つ二つ三つで**「笑也！」**と掛けるのが良い。
この後、みやず姫と小碓いろいろあるが、婚礼を行う運びとなる。婚礼後に伊吹山に帝の命令で山神退治に行かなければならない。宝剣草薙の剣をみやず姫に預け婚礼の宴となる。

みやず「それではこのみやず、しかとお預かり申しました」

小　碓「サァ、皆の者、せめて今宵は存分に楽しもうぞ。われらの婚儀を祝って踊れ、踊れ！」

ここで**「澤瀉屋！」**ト、皆々よろしく踊る。この踊り盛り上がるうち伊吹の山の鬼たち浮び上がる。

十四時三十分　幕変わり

三幕二場　伊吹山

十四時三十二分

伊吹山の山奥の神の祠、山神とその妻の姥神セリ上がる。カーテン上がりきる前に続けて掛ける。姥神、山神の順。**「滝乃屋！」**、**「猿弥！」**ト、犬山の使者登場し、ヤマトタケルが討っ手として、伊吹山に向かっていることを伝え、鬼たちは恐れて大騒ぎとなる。が、犬山の使者が、草薙の剣は、みやず姫に預けられ、持参してないと報告する。山神、姥神。鬼たちそれを聞き、気を取り直し迎撃の気勢を上げる。山神たち消えると、小碓達一行、舞台中央セリ上がる。

小碓たち一行の前に、花道より大きい白猪が現われる。一旦捕らえた白猪をわざと放して逃がして、その後を追う小碓たちに姥神の巻き起こした吹雪、雹が激しく降り注ぐ。小碓倒れる。岩上にて、術を使っている姥神。

姥　神「うまく行った。うまく行った。この術は、我らの先祖が、女から女へと、何万年もかかって伝えた術だ。……」

姥　神「これでよい。これで、伊吹の山の神の面目も立つというものじゃ。ヒ、ヒ、ヒ、山神様、一足先へ行て、待っておりますぞやー」

ツケ打ち、**「滝乃屋！」**と大きく掛ける。姥神死に、雹止む。一同気付く。この後、スッポンから姿現した山神、先程の白猪に変身したり、山神に戻ったりし小碓との大乱闘となる。

ツケ打ち、一打ちで**「澤瀉屋！」**、二打ちで**「猿弥！」**、乱闘中更に、ツケ打ち、一打ちで**「澤瀉屋！」**、二打ちで**「猿弥！」**と双方に掛けるのがよい。

小碓の後ろから大猪が出て来て、小碓を突き飛ばす。小碓、必死の力をしぼって、猪を刺すが、自らも倒れる。フェードアウト　この時絶壁の上だけ明かり入り、山神姿を現わす。

山　神「ヤマトタケルを打ち倒し、積り積りし恨みを晴らせし国つ神、伊吹の神の、わが最後をよっく見よ。お婆、お婆、姥神、今行くぞ、待っておれ」**「猿弥！」**身を後方に投げ出す。

十四時四十六分（暗転、場面転換）

三幕三場　能煩野《のぼの》への道

十四時四十八分

足を痛めている小碓、それを助けながら武彦、花道より出て、本舞台へ

悲痛な場面であるので、両人の出、やり取りには、掛け声は無用。フェードアウト

小碓の夢の中の場面となる。スッポンより帝の出、昇り切り、台詞前に**「金田！」**と掛ける。

夢中のシーンなので、あまり大声になってはいけない。

夢から覚めると、能煩野の民家の一室に寝ている小碓、看病する武彦たち。

大和へ帰りたがる小碓、次第に弱って行き、最後の台詞となる。

小　碓「……そうだ、この雲に身をゆだねれば、私は再び大空へ駆け昇ることが出来る……天高く……高く高く、昇って行くことが出来る……この雲に乗って峠を越せば、懐しい大和の国だ……父上がいる、兄姫がいる、ワカタケルはどんなに可愛ゆうなったであろう……帰りたい、早く大和へ帰りたい……大和へ……大和へ……」小碓倒れる。

**「澤瀉屋！」**と掛ける。ここは、決して陽気な声調にならず、哀しみを込めて。

一同、小碓に縋って泣き崩れる。暗転、幕。

新大臣、花道スッポンに現われる。台詞始まる前に**「欣弥！」**と掛ける。

新大臣「大和の国の民草よ、この夏、伊勢の能煩野にて、ヤマトタケルの命様がお亡くなりになられた。帝様におかせられては、命様の死を心より悲しまれ、その御葬儀についても、万端ひつぎの皇子と同等に扱うようにとの仰せ出されであった。長年にわたる命様の小働きに対し厚くお報いになったのじゃ。跡に残されしワカタケルの皇子様には、ひつぎの皇子の次の皇子の位が授けられ、まった、命様に従うてきた者達にも、充分な恩賞が与えられた。大和の国の民草よ、我らは命様の死を悼み、大和の大英雄ヤマトタケル様を、丁重に鎮魂しようではないか。皆こぞって。ヤマトタケル様の御冥福を祈るのじゃ」ト、台詞終わると花道揚幕に向かう。一歩出た時、**「欣弥！」**と締める。啜鳴るような掛け声にならないこと。

十四時五十九分　暗転、紗幕となる

三幕四場　志貴の里

十五時〇三分

姫の館、後方に大きな古墳がある。紗幕上がり、兄姫客席に向かい振り返る。

**「笑せ！」**

兄　姫「御葬儀も無事に済み、これで命様も心静かに、あの世へ旅立たれたことでございましょう、武彦どの、ヘタルベ、皆あなた方のおかげです。かたじけのうございました」

武　彦「私達は何も致してはおりません。すべて命の功績《いさおし》の賜物にござりまする」ここで**「段治郎！」**と掛ける。この後、武彦の台詞続き、受けてヘタルベ。両人のやり取りがあって、兄姫がヘタルベに、自分の思いを言い含める局面となる。

最中、声あって、「帝よりのお使者」ト、下手奥より、帝の使者出、皆々迎える。**「笑三郎！」**と顔が見えたら掛ける。使者と武彦、兄姫とのやり取りあって。

使　者「それでは、出立いたしましょう」

武　彦「サァ、兄姫様」

兄　姫「ハイ」……（ヘタルベを振り返り）……「さぁヘタルベ、そなたも共に参りましょう。この大和の国が汚れているならば、私達の手で美しい国に作り変えて行きましょう。ヤマトタケル様の魂が生きる、高い精神の国にして行くのです。さぁ、私達の新しい大和の国へ、出立致しましょう」ここで大きく清々しく**「笑也！」**

一同順次一人ずつ花道を歩み出し。向うに入る。

兄姫・ワカタケル歩み出し**「笑也！」**

使者歩み出し**「笑三郎！」**

武彦歩み出し**「段治郎！」**

ヘタルベ最後にひとりになって、花道手前より掛け出し向うに入る。**「弘太郎！」**

十五時十五分

誰もいない古墳、だんだん古墳が割れ、中から白い鳥になったヤマトタケル現われ、羽ばたく。ここで大きく**「澤瀉屋！」**と掛ける。バックミュージック風の独吟になり、白鳥に扮したヤマトタケルの独り踊り開始となる。**「澤瀉屋！」**

〽大和は国のまほろば　たたなづく青垣
山ごもれる　大和しうるわし　大和うるわし

〽はしけやし吾家《わぎえ》の方よ　雲居起《た》ち来《く》も

〽命《いのち》の全《また》けむ人は　畳薦《たたみこも》平群《へぐり》の山の
熊かしが葉を　うずにさせその子　うずにさせその子

〽大和は国のまほろば　たたなづく青垣
山ごもれる　大和うるわし

この唄に合せて、踊るが、掛け処は三カ所。初めは古墳壇上で羽を広げた時に「**澤瀉屋！**」、次に古墳降りきって舞台中央での振りに「**澤瀉屋！**」、三番目は唄の終りの大和うるわしで「**澤瀉屋！**」、唄終わると花道際での独白となる。

小　碓「さようなら兄姫、さようならワカタケル、さようならヘタルベ、さようなら武彦……帝様、倭姫様、みやず姫さようなら……思えばこの世の多くの人々は、富と名声を追いかけて疑おうとはしていない……しかし私は、余りそのようなものには関心がなかった……私は幼い頃から普通の人々が追い求めぬものを、必死に追いかけたような気がする。それは何か……よう分らぬ……何か途方もない、大きなものを追い求めて、私の心は絶えず天高くあま翔けていた。その天翔ける心から私は多くのことをした。天翔ける心それが私だーぁ」

言い切った瞬間「**澤瀉屋！**」

これより宙乗り、身体浮き上がった時に、第一声の「**澤瀉屋！**」、以後三階席に設けられた鳥屋に入るまで、「**澤瀉屋！**」「**澤瀉屋！**」「**澤瀉屋！**」と掛け続ける。切っ掛けは白鳥になったヤマトタケルが、客席に向かって極まった処で、一階二階三階に夫々振りをする。

第六声は、三階の鳥屋に飛び込む寸前「**澤瀉屋！**」。いずれも大音声で掛けること。

十五時三十分　終幕

カーテンコール　幕上がり、出演者が順次現われる。舞台正面奥から現われた小碓と帝との和解の場面もあり盛り上がる。圧巻は舞台上手から、小碓と武彦が、今回の脚本・演出を担当している師匠・三代目市川猿之助を案内して中央まで出て来る時だ。満場の拍手喝采、当公演最高の場面であり、観客への所謂、御馳走の場面である。

最後の台詞　朝日新聞平成十七(二〇〇五)年二月二十一日夕刊の『スーパー歌舞伎受け継ぐ』の記事中に、次のようにある、……猿之助は昨年末、初演時のビデオを弟子たちと見ながら「最後のせりふは、私の人生に対する啖呵なんだよ」ともらした。(三幕四場「さようなら兄姫～」に始まるキメ台詞)……

大向う　ヤマトタケル全幕の掛け声は、総数百十七回、幕別にすると、一幕目四十三回、二幕目三十七回、三幕目三十七回から成る。これを役柄別に分解すると。

小碓・大碓　五十七回
兄橘姫　八回
弟橘姫　六回

武　彦　四回
帝　　　四回
熊襲建弟　四回
ヤイレポ　四回
山　神　四回

三回から一回の掛け声の役柄は、十二役である。これから、三代目猿之助の創造したスーパー歌舞伎の際立つた特徴が読み取れる。出演者が他の演目に比べて圧倒的に多数である事。群集劇である一方、主役が独り目立つ、劇構成となっている事。大向うの総回数、百十七回の内で、小碓・大碓の五十七回は、四十九パーセントを占める。大向うの観点から見ると将に独り芝居であり、主役以外には、大向うの掛け甲斐のない芝居に位置付けられる。この為に、一般の大向うは、スーパー歌舞伎に声を掛けることを敬遠し、「あれは歌舞伎ではない」などと言って自分が声を掛けられないことの言い訳をし、伝統歌舞伎に傾注した三十年であった。

筆者は、昭和六十一（一九八六）年二月三月の『ヤマトタケル』新橋演舞場初演を観た時、大向うが一人も劇場内に居ないことに疑念を抱いた。スーパー歌舞伎の大向うになろうとその時決心したのが、大向うに本格的に心を向けた原点であった。

出演者の殆どが猿之助一門であるので、屋号で掛けると総て「澤瀉屋」になってしまう。これでは、大向うにならないので、主役小碓と大碓以外は芸名で掛けることにより、差別化を図ることとした。即ち、**「笑也！」「春猿！」**の如くである。小碓・大碓・ヤマトタケルが舞台にいる限り、掛け声**「澤瀉屋！」**は総て彼に吸い取られてしまう、芸名を以って屋号に替える以外に、スーパー歌舞伎の大向うを、効果的に成立させるのは、至難の業であることは明白である。猿之助劇団に屋号でなく、芸名を掛け声として使用する由縁である。

結びに、これで歌舞伎八分類に対する「大向う」の記述の締めとなるが、歌舞伎は阿国歌舞伎以来、時代により変化進展してきた。当然、観客の声援則ち「歌舞伎大向う」もその変化進展に合せて、同行して変わって行くのが歴史的必然なのであろう。

ここに注目すべき未来に対する歌舞伎の一つの挑戦が、平成二十七（二〇一五）年十月十一月に行われた。劇場は新橋演舞場、市川猿之助劇団。スーパー歌舞伎Ⅱ（セカンド）『ワンピース』がそれである。（スーパーセカンドとしては、昨年三月四月の第一作『空を刻む者』があり、この作が第二作となる）

三代目市川猿之助から、その魂とＤＮＡを受け継いだ四代目市川猿之助（前名二代目市川亀治郎）が、尾田栄一郎原作コミック『ワンピース』、横内謙介脚本・演出で、世に問うたものである。

猿之助一門に加えて、二代目坂東巳之助、初代中村隼人など歌舞伎界の若手に、テレビ界から、福士誠治を迎えて、新しい歌舞伎が誕生した。歌舞伎＋宝塚＋シェークスピア＋京劇の一大コラボレーション劇である。掛け処は総計三十数ヶ所である。役者の名乗り、舞台への登場、ツケ打ち見得など歌舞伎らしい掛け処に不足はないが、芝居の進行、雰囲気に合せた掛け声は、声を掛ける大向う側の今後の研究課題であろう。神話、伝説、中国歴史に題材を求めたスーパー歌舞伎Ⅰ（ファースト）の後継であるスーパー歌舞伎Ⅱ（セカンド）の今後の題材も大いに気になるし、期待したいところである。『新・三国志Ⅲ完結編』中のキメ台詞をこの各論の結びの言葉としたい。

夏侯謳凌《かこうおうりょう》（三代目市川猿之助）「信ずればきっと、その夢は叶う」

（各論了）

## あとがき

中国人の思考法の一つに、記録されなかった事象は存在しなかったと同じであるというものがある。無類の記録マニアである中国人の、この考え方に筆者も深く傾注するものがある。自分自身が幼少時から好んだ演劇。多岐にわたるが、その筆頭である歌舞伎に深く関わった者のひとりとして、歌舞伎大向とは如何なるものか、記録することが自分の責務であると考え文書化した。

当記録は、歌舞伎大向実技者の集大成であり、江戸元禄十（一六九七）年から、平成二十八（二〇一六）年に至る三百十九年間の歌舞伎大向うの足跡を、京劇と一部比べながら纏めた駁論である。

大向の記録の少なさには、私自身驚愕していた。大向う自体が趣味人の遊び、感性の世界、記録の困難さと、記録が文書化されて来なかった理由は幾つか考えられる。が、日本伝統芸能である歌舞伎に大向うは不可欠と思う。自己の研究した、そして大向の実技の幾分かは体得した部分を秘匿することなく、記録を後世に残すべきと判断して、この『歌舞伎大向　細見』を書籍の形にするものである。

この書が完成するまで、励まして下さった方、手助けして下さった方たちが居られなかっ

たら、書籍には出来なかった。氏名と略歴を記載し、感謝の意を記しておきたい。（敬称略、五十音順）

石井　美桜　（猿之助劇団の大ファン、筆者の姪を称え、伯父の大向うを大贔屓）
伊藤　幸子　（松竹大谷図書館の司書、筆者の歌舞伎資料探しに永年協力）
木村　伶香能　（東京藝大卒、米国在住の国際的箏曲専門家、毎年一回来日し全国公演）
小島　恵美子　（東京藝大邦楽科卒の箏曲山田流の先生、大向うへの辛口批評家）
中條　真砂子　（日展・御所人形作家野田芳正の長女、筆者の正妻、長男嘉康次男雅晴の生母）
西山　公野　（筆者ファンクラブの第一号、二胡と和太鼓の奏者）
藤間　貴巳華　（藤間流の師範、地元お祭り時の指南役・多勢のお弟子さん教育中）
増田　薫　（紫派藤間流の師範、藤間微乃咲。舞踊教室を開き活躍中）
吉岡　美希　（酒と芝居を愛する本書校正担当、筆者選定の愛称は海量小姐《ハイリアンシャオジェ》）

平成二十八（二〇一六）年三月三十日

中條嘉昭

# 参考文献

『演劇百科大辞典全6巻』1983・4 初版7刷　平凡社
『歌舞伎事典』1988・2 初版4刷　平凡社
『歌舞伎人名事典』1988・9 初版1刷　日外アソシエーツ
『歌舞伎・浄瑠璃外題辞典』1991・7 初版1刷
日外アソシエーツ
『季刊歌舞伎』昭43・7～53・4　1号～40号
松竹（株）演劇部・歌舞伎座
『史記　二（楽書）』大正12・7　有朋堂
『総合日本戯曲事典』昭39・2 初版　平凡社
『日本舞踊曲集覧』平10・5 九版　邦楽社
『日本舞踊名曲事典』1988・5 初版3刷　小学館
『名作歌舞伎全集全25巻』昭43・9～48・2　東京創元社

だんまり…p58
鶴の見得（つるのみえ）…p59
天地の見得（てんちのみえ）…p59
天地人の見得（てんちじんのみえ）…p59
にらみ…p60
柱巻きの見得（はしらまきのみえ）…p60
引き見得（ひきみえ）…p60
引っ張りの見得（ひっぱりのみえ）…p61
雛人形の見得（ひなにんぎょうのみえ）…p61
平山見得（ひらやまみえ）…p61
不動の見得（ふどうのみえ）…p61
振り返りの見得（ふりかえりのみえ）…p61
蓬莱山の見得（ほうらいさんのみえ）…p62
頬杖の見得（ほおづえのみえ）…p62
見上げの見得（みあげのみえ）…p62
見返りの見得（みかえりのみえ）…p62
ヤマトタケル見得…p62
幽霊見得（ゆうれいみえ）…p63
横見得（よこみえ）…p63

雲上飛行の見得（うんじょうひこうのみえ）…p54
絵面の見得（えめんのみえ）…p54
大入叶の見得（おおいりかのうのみえ）p54
関羽見得（かんうみえ）…p55
蛙見得（かわずみえ）…p55
狐見得（きつねみえ）…p55
蜘蛛の見得（くものみえ）…p55
元禄見得（げんろくみえ）…p56
獄門見得（ごくもんみえ）…p56
鷺見得（さぎみえ）…p56
三猿の見得（さんえんのみえ）…p57
汐見の見得（しおみのみえ）…p57
七五三・飾海老・橙の見得（しめかざりえびだいだいのみえ）…p57
地獄見得（じごくみえ）…p57
四方祈りの見得（しほういのりのみえ）…p57
制札の見得（せいさつのみえ）…p57
束見得（そくみえ）…p58
反り身の見得（そりみのみえ）…p58

**見得**

## 役者名

## 劇場

## 文献


『日本演劇辞典』渥美清太郎　新大衆社…p21

『演劇界増刊』「歌舞伎を知る 33 章」昭和 50…p23

『カブキ・ハンドブック』渡辺保　新書館…p25

『嵯峨談話』十三代仁左衛門　三月書房…p27

『勝扇子』裁判記録…p35

『せりふ正本集』…p44

『続耳塵集』…p44

『芝居秘伝集』…p45

『中国訪問使節日記』東洋文庫 277…p98

『勧進帳』岩波文庫（1988 年 2 月第 4 刷）…p131

『歌舞伎』季刊 6 号「大見得」…p143

『演劇界』「見得そのいろいろ」昭和 61・9…p144

『ヤマトタケル』梅原猛　講談社 1986 年…p202

『朝日夕刊』「スーパー歌舞伎受け継ぐ」…p230


## 音曲

〽（庵点）いおりてん記号…p19

延年の舞…p141

倭仮名在原系図（やまとがなありわらけいず）
…p144、p155
ヤマトタケル…p62、p201
奴道成寺（やっこどおじょおじ）…p186
吉田屋（よしだや）…p27
四谷怪談（よつやかいだん）…p59
四谷怪談忠臣蔵（よつやかいだんちゅうしんぐら）…p126
与話情浮名横櫛（よはなさけうきなのこくし）…p128

ラ行

蘭平物狂（らんぺいものぐるい）…p127、p144
リュウオー…p129

ワ行

和田酒宴栄花鑑（わだのさかもりえいがかがみ）
…p36
ワンピース…p232

鳴神（なるかみ）…p54、p57、p60、p62、p127
野崎村（のざきむら）…p74

ハ行

馬盥の光秀（ばだらいのみつひで）…p58
八犬伝（はっけんでん）…p129
反魂香（はんごんこう）…p127
平家女護嶋（へいけにょごのしま）…p55、p127、p156
杳手鳥孤城落月（ほととぎすこじょおのらくげつ）
…p129

マ行

将門（まさかど）…p73、p74、p128
宮島のだんまり（みやじまのだんまり）…p69
娘道成寺（むすめどおじょおじ）…p46、p53、p74
盛綱陣屋（もりつなじんや）…p61、p73

ヤ行

夜叉ケ池（やしゃがいけ）…p110
矢の根（やのね）…p56、p60、p127

太十（たいじゅう）…p58、p74
大福帳朝比奈物語（だいふくちょうあさひなものがたり）
…p56
対面（たいめん）…p54、p59、p62
高時（たかとき）…p62、
縮屋新助（ちぢみやしんすけ）…p128
忠臣蔵（ちゅうしんぐら）…p56、p127
土蜘（つちぐも）…p55
兵根元曽我（つわものこんげんそが）…p38、p46
道成寺（どおじょおじ）…p26、p46、p74、p128
道成寺真似三面（どおじょうじまねてみます）
…p187
道明寺（どおみょおじ）…p62
鳥辺山心中（とりべやましんじゅう）…p129

ナ行

夏祭浪花鑑（なつまつりなにわかがみ）…p53、p55、
p128、p168
廿四孝（にじゅうしこう）…p54、p128

十種香（じゅしゅこお）…p73
白波五人男（しらなみごにんおとこ）…p26、p49
新・三国志（しんさんごくし）Ⅰ～Ⅲ…p129
新・三国志Ⅲ完結編（かんけつへん）…p129、p233
素襖落（すおうおとし）…p128
扇恵方曽我（すえひろえほうそが）…p60
助六（すけろく）…p26、p45、p127
鈴ケ森（すずがもり）…p57
関の扉（せきのと）…p69
菅原伝授手習鑑（すがわらでんじゅてならいかがみ）…p53、p62、p127
先代萩（せんだいはぎ）…p29、p58、p127
千本桜（せんぼんざくら）…p45、p55、p58、p61、p63、p69、p76、p127
象引（ぞおひき）…p56
空を刻む者（そらをきざむもの）…p232

タ行

大功記（たいこおき）…p58

毛抜（けぬき）…p56
元禄忠臣蔵（げんろくちゅうしんぐら）…p129、p193
高野聖（こおやひじり）…p110
国姓爺（こくせんや）…p55、p69
嫗山姥（こもちやまんば）…p127
御贔恩賀仙（ごひいきおんがのしまだい）…p79

サ行
実盛物語（さねもりものがたり）…p73
楼門（さんもん）…p59
鞘当（さやあて）…p69
三人吉三（さんにんきちさ）…p78、p128、p180
三社祭（さんじゃまつり）…p128
将軍江戸を去る（しょうぐんえどをさる）…p105
じいさんばあさん…p129
四天王御江戸鏑（してんのうおえどのかぶらや）… P58
四の切（しのきり）…p29、p31
暫（しばらく）…p49、p56、p127

お祭り（おまつり）…p26
女暫（おんなしばらく）…p52
女鳴神（おんななるかみ）…p52

カ行
カグヤ…p129
鎌倉三代記（かまくらさんだいき）…p57
勧進帳（かんじんちょう）…p53、p56、p59、p61、p65、
p69、p82、p127、p130
鬼一法眼（きいちほおげん）…p73
鯨のだんまり（くじらのだんまり）…p69
葛の葉（くずのは）…p127
熊谷陣屋（くまがいじんや）…p57、p61、p69、
p73、p74
天衣紛上野初花（くもにまごううえののはつはな）…p82
車引（くるまひき）…p53、p56、p63、p69
慶安太平記（けいあんたいへいき）…p56
毛剃（けぞり）…p57

# 索引

## 作品名

ア行

青砥稿花紅彩画（あおとぞうしはなのにしきえ）…p66
十六夜清心（いざよいせいしん）…p128
石切梶原（いしきりかじわら）…p82
市川家の口上（いちかわけのこうじょう）…p60
一條大蔵譚（いちじょうおおくらものがたり）…p73
一本刀土俵入（いっぽんがたなどひょういり）…p129
伊勢音頭（いせおんど）…p60
浮かれ心中（うかれしんじゅう）…p105
扇屋熊谷（おおぎやくまがい）…p57
オオクニヌシ…p129
近江源氏（おおみげんじ）…p61
オグリ…p129
押戻（おしもどし）…p56

**中條 嘉昭**（ちゅうじょう　よしあき）

歌舞伎大向研究家兼大向（歌舞伎・京劇・沙翁劇）実技者。

昭和 11（1936）年東京都生まれ。
西神田小学校卒。早稲田中学校・高等学校卒。
早稲田大学第一商学部卒。
本田技研工業ＯＢ会「ホンダ倶楽部」会員。
パイオニアＯＢ会「福友会」会員。
元歌舞伎大向「弥生会」会員。
免許／日本将棋連盟・弐段允許。（昭和 50 年 11 月）
免許／一般旅行業務取扱主任者。（運輸省合格 No.59-133）

加賀国河北郡中條村八代目庄屋・蘭方医中條武平の曽孫。

歌舞伎大向　細見

---

平成 28 年 5 月 20 日発行
著者 / 中條嘉昭
発行者 / 今井恒雄
発行 / 株式会社ブレーン
〒 162-0801　東京都新宿区山吹町 364 SY ビル
TEL:03-6228-1251 FAX:03-3269-8163
発売 / 北辰堂出版株式会社
〒 162-0801　東京都新宿区山吹町 364 SY ビル
TEL:03-3269-8131 FAX:03-3269-8140
http://www.hokushindo.com/
印刷製本 / 株式会社ダイトー

---


ISBN 978-4-86427-211-7　定価はカバーに表記

ISBN：978-4-86427-208-7

ISBN:978-4-86427-201-8

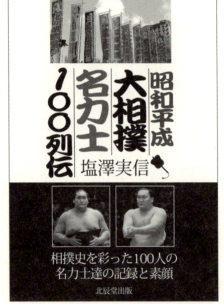

好評発売中

# 死刑囚の命を救った歌

## 渡辺はま子「あゝモンテンルパの夜は更けて」

新井恵美子

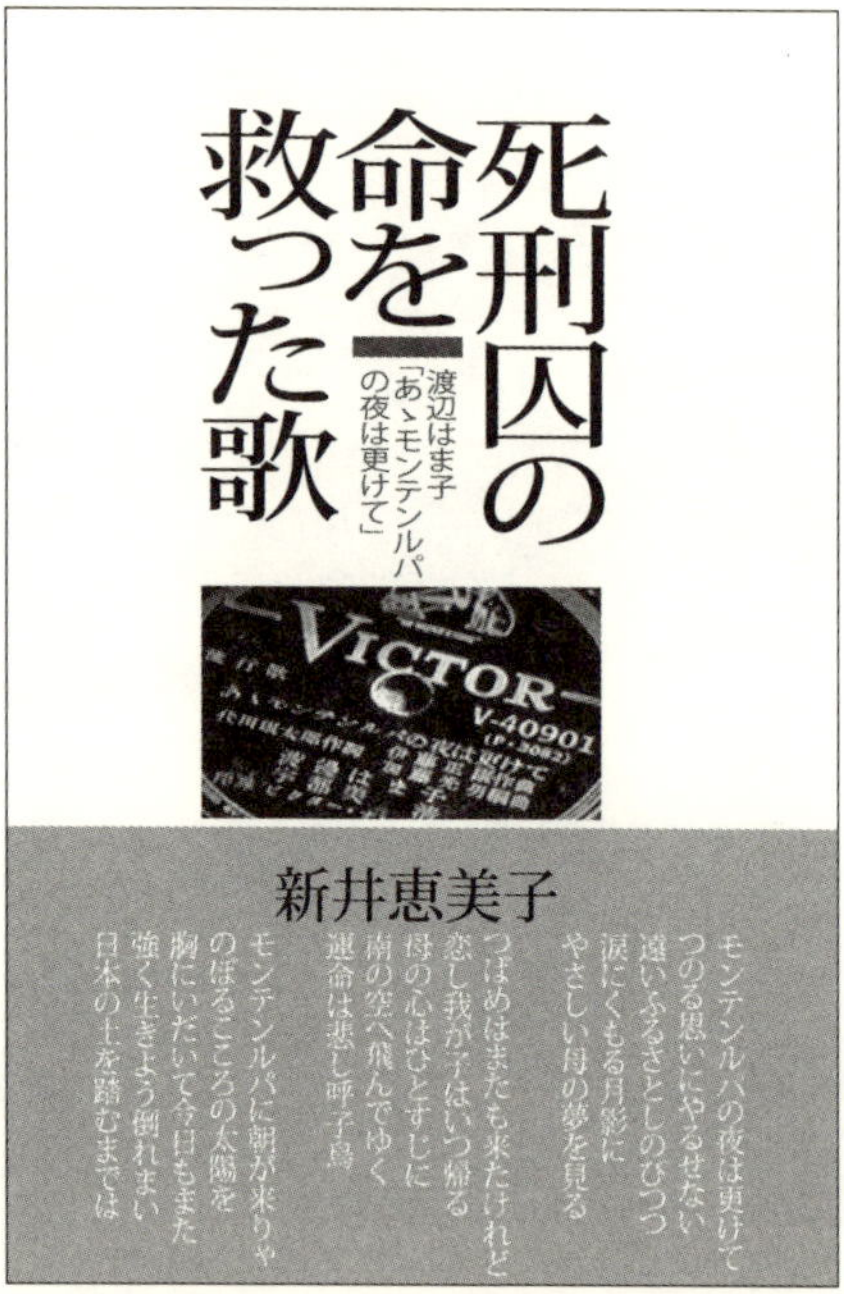


ISBN 978-4-86427-191-2

70年前、フィリピン・モンテンルパで、風化させてはならないドラマがあった!!刑務所に収容された死刑囚を含むＢＣ級戦犯たち100余名。彼らの命を救ったのは「気骨の歌姫」渡辺はま子のたった一曲の歌だった。全員、無事日本に帰国するまでの苦難を描く感動の物語!!

四六版 並製　定価:1800円+税

北辰堂出版